PREFACE

　　游戏是一种包含了多种认知成分的复杂活动。对宝宝来说，游戏不仅是一种娱乐，更是一种良好的学习方式。有人说，主动探索和积极学习是开发智力的金钥匙，而这把金钥匙就是游戏铸造出来的。

　　宝宝的第一个也是最好的玩伴就是爸爸或妈妈，宝宝最愿意对爸爸妈妈做出反应。亲子游戏是爸爸妈妈与宝宝良好关系的催化剂，不仅可以增进亲子间的感情，增加亲子间的信任，还可以帮助宝宝开发智力，养成良好习惯等。所以，爸爸妈妈要多与宝宝一起做游戏，让宝宝在游戏中快乐成长。

　　爸爸妈妈可以把游戏当作一种对宝宝的锻炼，在游戏中培养宝宝良好的习惯。游戏中的习惯会对宝宝的成长产生重要影响，如遵守游戏规则、拥有团队合作意识等。

　　与宝宝玩游戏时要建立平等的关系，这样可以调动宝宝的积极性，让宝宝从游戏中学会正确处理事情的方式。因此，爸爸妈妈不能低估游戏对宝宝的重要性。因为这是一切学习的基础，即便是新生儿，也能从游戏中获益。

　　本书以时间为经，以宝宝各个阶段的能力特点为纬，介绍了130多个游戏，是爸爸妈妈与宝宝进行亲子游戏的得力助手。

目录 CONTENTS

上篇　0~1岁宝宝分阶段益智游戏

第1章　0~1个月　新生儿本能启迪与早期训练

0~1个月宝宝的成长树	·4
读懂新生儿，选择合适的玩具与游戏	·6
运动能力开发	·7
小手小手握握	·7
宝宝打水操	·8
盘盘小腿	·8
按摩小脚丫	·9
语言能力开发	·10
拉长发音	·10
数学逻辑能力开发	·11
小红帽，小蓝帽	·11
空间感知能力开发	·12
认识我们的家	·12
黑白图卡	·13
人际交往能力开发	·14
乖宝宝找妈妈	·14
感觉能力开发	·15
眼跟红球180°	·15
铃儿响叮当	·16
给宝宝做抚触	·17
模仿创新能力开发	·18
伸伸舌头咂咂嘴	·18
0~1个月宝宝智能水平小测试	·19

见此图标
微信扫码
手把手教你养育
健康聪明好宝宝

扫码获取
✽ 婴儿护理
✽ 饮食喂养
✽ 科学早教
✽ 育儿贴士

0~3岁益智亲子游戏百科

程玉秋 编著

国家育婴师考评员
人社部早教师立项人

吉林科学技术出版社

图书在版编目（CIP）数据

0～3岁益智亲子游戏百科 / 程玉秋编著. -- 长春：吉林科学技术出版社，2022.7
ISBN 978-7-5578-9210-4

Ⅰ. ①0… Ⅱ. ①程… Ⅲ. ①智力游戏－学前教育－教学参考资料 Ⅳ. ① G613.7

中国版本图书馆 CIP 数据核字（2022）第 010294 号

0～3岁益智亲子游戏百科
0～3 SUI YIZHI QINZI YOUXI BAIKE

编　　著	程玉秋
出 版 人	宛　霞
责任编辑	周振新
助理编辑	宿迪超　徐海韬
封面设计	悦然生活
制　　版	悦然生活
幅面尺寸	167mm×235mm
开　　本	16
印　　张	16
字　　数	256千字
印　　数	1-6000册
版　　次	2022年7月第1版
印　　次	2022年7月第1次印刷
出　　版	吉林科学技术出版社
发　　行	吉林科学技术出版社
地　　址	长春市福祉大路5788号出版集团A座
邮　　编	130118

发行部电话/传真　0431-81629529　81629530　81629531
　　　　　　　　　81629532　81629533　81629534
储运部电话　0431-86059116
编辑部电话　0431-81629517
印　　刷　吉广控股有限公司
书　　号　ISBN 978-7-5578-9210-4
定　　价　49.90元
如有印装质量问题　可寄出版社调换
版权所有　翻印必究　举报电话：0431-81629517

第2章 1~2个月 宝宝在咿呀学语

1~2个月宝宝的成长树	22
读懂1~2个月宝宝，选择合适的玩具与游戏	24
运动能力开发	25
学升降	25
语言能力开发	26
摇啊摇，铃啊铃	26
人际交往能力开发	27
有趣的抚摸	27
与宝宝共处	28
自我认知能力开发	29
玩玩小手	29
自然认知能力开发	30
看看绿色	30
感觉能力开发	31
拨浪鼓响咚咚	31
宝宝碰到了什么	32
1~2个月宝宝智能水平小测试	33

第3章 2~3个月 翻身大练习

2~3个月宝宝的成长树	36
读懂2~3个月宝宝，选择合适的玩具与游戏	38
运动能力开发	39
翻身训练	39
小手小手拍拍	40
语言能力开发	41
拔萝卜	41
数学逻辑能力开发	42
大球小球	42
空间感知能力开发	43
小汽车，嘀嘀嘀	43
音乐能力开发	44
让宝宝辨音	44
感觉能力开发	45
小鸭子，布娃娃	45
模仿创新能力开发	46
拉响铃铛	46
2~3个月宝宝智能水平小测试	47

第4章
3~4个月 爱黏人的萌宝宝

3~4个月宝宝的成长树	·50
读懂3~4个月宝宝，选择合适的玩具与游戏	·52
运动能力开发	·53
宝宝拉坐练习	·53
鼓励宝宝用前臂支撑	·54
语言能力开发	·55
穿衣歌	·55
空间感知能力开发	·56
捉迷藏	·56
人际交往能力开发	·57
亲近动物	·57
自我认知能力开发	·58
大鼻子小鼻子顶鼻子	·58
自然认知能力开发	·59
奇妙的世界	·59
视觉能力开发	·60
奇妙的电视	·60
颜色碰撞真好玩	·61
模仿创新能力开发	·62
小宝宝捡扣扣	·62
3~4个月宝宝智能水平小测试	·63

第5章 4~5个月 喜欢蹦跳运动的宝宝

4~5个月宝宝的成长树	66
读懂4~5个月宝宝，选择合适的玩具与游戏	68
运动能力开发	69
靠坐训练	69
语言能力开发	70
学认台灯	70
数学逻辑能力开发	71
大苹果和小苹果	71
空间感知能力开发	72
抓小球	72
人际交往能力开发	73
藏猫猫	73
自我认知能力开发	74
区分"我"与外界	74
感觉能力开发	75
点名游戏开始了	75
挠挠手脚心	76
4~5个月宝宝智能水平小测试	77

第6章 5~6个月 宝宝坐着用手指物

5~6个月宝宝的成长树	80
读懂5~6个月宝宝，选择合适的玩具与游戏	82
运动能力开发	83
蹦蹦跳跳的小青蛙	83
语言能力开发	84
给宝宝读儿歌	84
小老鼠上灯台	85
数学逻辑能力开发	86
小兔子，吃萝卜	86
空间感知能力开发	87
儿歌操	87
自我认知能力开发	88
认知身体部位	88
记名字	89
自然认知能力开发	90
带宝宝欣赏大自然	90
感觉能力开发	91
听听是什么声音	91
模仿创新能力开发	92
宝宝敲响鼓	92
5~6个月宝宝智能水平小测试	93

第 7 章

6～7个月 怕生的全能宝宝

6～7个月宝宝的成长树	·96
读懂6～7个月宝宝，选择合适的玩具与游戏	·98
运动能力开发	·99
爬行大练习	·99
语言能力开发	·100
小宝宝，坐墙头	·100
丁零零，电话来了	·101
数学逻辑能力开发	·102
认识"1"	·102
汽车快，宝宝慢	·103
空间感知能力开发	·104
小车藏起来喽	·104
人际交往能力开发	·105
克服"怕生"	·105
感觉能力开发	·106
形状各异的积木	·106
6～7个月宝宝智能水平小测试	·107

第 8 章

7～8个月 在爬行中长智慧

7～8个月宝宝的成长树	·110
读懂7～8个月宝宝，选择合适的玩具与游戏	·112
运动能力开发	·113
宝宝过隧道	·113
语言能力开发	·114
看图说故事	·114
抓起放下	·115
数学逻辑能力开发	·116
取纸包里的玩具	·116
人际交往能力开发	·117
宝宝交朋友	·117
自然认知能力开发	·118
认识小金鱼	·118
感觉能力开发	·119
风铃轻轻响	·119
模仿创新能力开发	·120
宝宝自己玩耍	·120
7～8个月宝宝智能水平小测试	·121

第9章

8~9个月 宝宝第一次喊妈妈

8~9个月宝宝的成长树	·124
读懂8~9个月宝宝，选择合适的玩具与游戏	·126
运动能力开发	·127
扶着桌子找妈妈	·127
语言能力开发	·128
学叫爸爸妈妈	·128
数学逻辑能力开发	·129
比多少	·129
人际交往能力开发	·130
过家家	·130
自我认知能力开发	·131
摸摸自己的小嘴巴	·131
感觉能力开发	·132
宝宝玩涂鸦	·132
模仿创新能力开发	·133
大力士找饼干	·133
眨一眨，摇一摇	·134
8~9个月宝宝智能水平小测试	·135

第10章

9~10个月 宝宝试着站立

9~10个月宝宝的成长树	·138
读懂9~10个月宝宝，选择合适的玩具与游戏	·140
运动能力开发	·141
牵双手迈步	·141
语言能力开发	·142
练习说"拜拜"	·142
小鸟飞	·143
空间感知能力开发	·144
爬着找图	·144
人际交往能力开发	·145
照顾娃娃	·145
自我认知能力开发	·146
可爱的小脸蛋	·146
感觉能力开发	·147
温度感知	·147
模仿创新能力开发	·148
玩沙子	·148
9~10个月宝宝智能水平小测试	·149

第11章 10~11个月 宝宝迈出人生的第一步

10～11个月宝宝的成长树 · 152	人际交往能力开发 · 159
读懂10～11个月宝宝，选择合适的玩具与游戏 · 154	小伙伴们一起玩 · 159
	照顾娃娃 · 160
运动能力开发 · 155	谢谢宝宝 · 161
学涂涂点点 · 155	**音乐能力开发** · 162
牵棍走路 · 156	小小指挥家 · 162
语言能力开发 · 157	**自然认知能力开发** · 163
打电话找奶奶 · 157	听雨声 · 163
数学逻辑能力开发 · 158	**感觉能力开发** · 164
数小牛 · 158	时钟嘀嗒嘀 · 164
	10～11个月宝宝智能水平小测试 · 165

第12章 11~12个月 拿着蜡笔到处乱画的宝宝

11～12个月宝宝的成长树 · 168	**数学逻辑能力开发** · 174
读懂11～12个月宝宝，选择合适的玩具与游戏 · 170	快乐数数 · 174
	空间能力开发 · 175
运动能力开发 · 171	小小建筑师 · 175
宝宝讲故事 · 171	**自然认知能力开发** · 176
箱子探险 · 172	认识动物 · 176
语言能力开发 · 173	**感觉能力开发** · 177
妈妈捡玩具 · 173	认识大自然 · 177
	11～12个月宝宝智能水平小测试 · 178

下篇 1～3岁宝宝分阶段益智游戏

第1章　1～1.5岁　爱模仿的小大人

1～1.5岁宝宝的成长树	·184
读懂1～1.5岁宝宝，选择合适的玩具与游戏	·186
运动能力开发	·187
宝宝接球	·187
模仿小动物	·188
语言能力开发	·189
小鸭子这样叫	·189
数学逻辑能力开发	·190
数字歌	·190
空间能力开发	·191
转圆圈	·191
人际交往能力开发	·192
叩叩叩，是谁呀	·192
自我认知能力开发	·193
小手和小脚丫	·193
自然认知能力开发	·194
踩影子	·194
学吃饭	·195
模仿创新能力开发	·196
学涂鸦	·196
1～1.5岁宝宝智能水平小测试	·197

第 2 章
1.5~2岁 行走自如的小淘气

1.5～2岁宝宝的成长树	·200
读懂1.5～2岁宝宝，选择合适的玩具与游戏	·202
运动能力开发	·203
找亮光	·203
语言能力开发	·204
学识字卡片	·204
宝宝的冰箱宝藏	·205
数学逻辑能力开发	·206
哪个碗里花生多	·206
人际交往能力开发	·207
吹泡泡	·207
音乐能力开发	·208
学唱一首歌	·208
自我认知能力开发	·209
小宝宝遵命	·209
自然认知能力开发	·210
认识气象	·210
感觉能力开发	·211
摸一摸，是什么	·211
模仿创新能力开发	·212
橡皮泥魔术师	·212
1.5～2岁宝宝智能水平小测试	·213

第 3 章

2~3岁 小小年纪闹"独立"

2~3岁宝宝的成长树 ·216	音乐能力开发 ·224
读懂2~3岁宝宝，选择合适的玩具与游戏 ·218	火车开了 ·224
运动能力开发 ·219	自我认知能力开发 ·225
投球 ·219	学穿、脱衣服 ·225
语言能力开发 ·220	自然认知能力开发 ·226
明星秀 ·220	认识早和晚 ·226
数学逻辑能力开发 ·221	感觉能力开发 ·227
点数 ·221	声音哪里来 ·227
空间能力开发 ·222	模仿创新能力开发 ·228
分辨前后 ·222	火柴塔 ·228
人际交往能力开发 ·223	图形娃娃 ·229
大家一起玩 ·223	2~3岁宝宝智能水平小测试 ·230

附录

- 0~3岁宝宝智能发育水平对照表 ·232
- 0~3岁宝宝健康发育对照图 ·238
- 如何给宝宝挑选玩具 ·241

上篇

0~1岁宝宝分阶段益智游戏

第 1 章

0~1个月
新生儿本能启迪与早期训练

　　我一出生，就是一个小小运动健将了，会打哈欠、观察、笑、吸吮自己的小手指、蹬腿、踢脚、挥手、摇胳膊、扭头……可多本事了。我出生第一天能尿10~30毫升；随着我的长大，我越来越能尿，每天能"嘘嘘"10多次，能尿100~300毫升；我快满月的时候，每天能尿250~450毫升。我醒着时，如果在我旁边10~15厘米的地方发出声音，我就会一下子静下来，并注意听听是什么声音。这时候的我已经懂得冷热、干湿和疼痛了，尤其喜欢软软的东西。看，我可爱吧。

0~1个月宝宝的成长树

语言
- 与宝宝说话，宝宝会用细小的喉音回应
- 用啼哭表示自己不舒服或饥饿

大动作
- 俯卧时头能微微抬起来，头可以左右扭转
- 双手扶着宝宝上臂，宝宝的头能竖直2秒以上

精细动作
- 触碰手时手能条件反射般地收缩，有握持反射，能握住细小东西10秒以上
- 宝宝的手经常握成小拳头

人际交往
- 会以哭、笑表达自己的情绪
- 用各种方法逗宝宝，宝宝会笑

感觉
- 会用眼睛跟踪，追看他身边的人
- 将物体放在宝宝正面20厘米处，宝宝能注视7秒以上
- 用声音在宝宝头部周围逗引，宝宝会转头寻找声源

宝宝的基本生长发育

	项 目	男宝宝	女宝宝
出生时	身高（厘米）	46.9～54.0	46.4～53.2
	体重（千克）	2.6～4.2	2.5～4.1
满月时	身高（厘米）	50.7～59.0	49.8～57.8
	体重（千克）	3.5～5.7	3.3～5.4

注：数据来源于《中国7岁以下儿童生长发育参照标准》，由国家卫生部妇幼保健与社区卫生司于2009年9月发布。

妈妈育儿指南

1. 坚持母乳喂养。
2. 宝宝喝完奶后，要及时清洁口腔。
3. 宝宝醒着的时候，时刻不忘和宝宝对话。
4. 多用微笑和丰富的表情看着宝宝。
5. 多给宝宝听音乐、唱歌、讲故事。
6. 妈妈在和宝宝说话时，尝试让宝宝注视着妈妈。
7. 在婴儿床边挂一些颜色鲜艳的物品，让宝宝能注视到。同时，妈妈要及时调整物品位置，避免让宝宝长时间斜视某一方位。
8. 进行早期运动锻炼，这是生长发育的关键。
9. 宝宝听到妈妈的声音会微笑，逗宝宝时能笑出声。要从小培养宝宝的情商，使其性格情感都健全。
10. 出生后，宝宝的睡眠规律尚未形成，夜间尽量少打扰他。在月子里哺乳要按需喂养，到宝宝满月时母乳喂养间隔要逐渐延长到2.5～3小时，奶粉喂养宝宝间隔要延长到4小时。

扫码获取
* 婴儿护理
* 饮食喂养
* 科学早教
* 育儿贴士

读懂新生儿，
选择合适的玩具与游戏

🧡 认识新生儿

新生儿的视力水平

关于新生儿的视力水平，目前还没有统一的衡量标准。在正常情况下，妈妈在宝宝的正面晃动，宝宝就会紧紧地盯着妈妈的脸。这个时期，宝宝的视力只有 0.02 左右，只能看到 20 ~ 30 厘米远的事物。

新生儿对声音强度特别敏感

正常情况下，宝宝的听觉在胎儿期就已经形成了，因此新生儿一听到较强的声音就会蜷缩身体。另外，宝宝可以大致判断出声音的方向，有时可以朝声音的方向扭头。通常，宝宝对较强的声音容易做出明显的反应，根据声音特征辨出各种声音的差别，表现出对母亲语音的偏好。

新生儿的语言

宝宝 1 个月时，如果妈妈和他说话，他能注视妈妈的脸片刻，并会露出反射性的微笑，有时还会发出"咿咿""啊啊"的语音，这是宝宝在和妈妈说话，也是宝宝的最初语言。此外，新生儿还会用哭来表达自己的情感。

🧡 适合新生儿的玩具与游戏

刚出生的宝宝还不能区分颜色，他们更容易辨认几何形状，因此最好选择黑白大图卡或颜色单一而鲜明的气球。随着宝宝逐渐长大，他开始喜欢红色和黄色等鲜艳的颜色，这时候可以选择可爱的小布偶等，来刺激宝宝的视觉。声音过大或奇形怪状的玩具千万不能选择，因为会让宝宝感到恐惧。另外，在选择玩具时，要注意大小、重量、材料和做工，检查是否有毒性、是否安全等。

新生儿的游戏重点并不在于玩，而在于感官探索，给宝宝提供各种素材，让他看、听和触摸。新生儿的游戏还包括很多能增进亲子感情的活动，比如，可以安抚宝宝的游戏、一些辅助宝宝练习动作能力的游戏等。

运动能力开发

宝宝一出生,就有一定的运动能力,会打哈欠、笑、吸吮自己的手指、蹬腿、踢脚、挥手、摇胳膊、扭头等,这是培养新生儿动作能力与运动健身的基础。因此,应早点进行培训和锻炼。而且,对新生儿进行早期运动训练是健身长智的关键。

小手小手握握

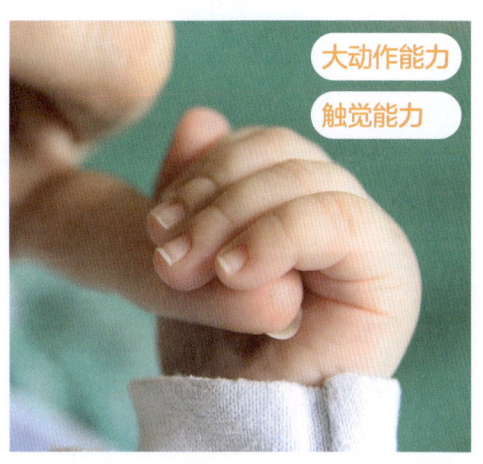

大动作能力
触觉能力

益智点

训练宝宝手的握持能力,帮助开发右脑,同时培养与父母之间的亲情,提高宝宝的人际交往能力。

游戏来了

妈妈把食指塞到宝宝的手中,使宝宝紧握,并停留片刻。

爸爸妈妈看过来

宝宝的小手指灵活度要经历五个阶段:握住、张开、松开、交换、拾起。

在宝宝生命的最初几周,他的小手大多会握成一个小拳头,手指伸展开的时间极短。当你用手指触摸宝宝的掌心时,他的小手立即会出现这样的反射——紧握你的手指。

3～4个月大的宝宝能够自如地活动十根手指头。所以当宝宝趴着的时候,他会伸出一只手去够放在眼前的东西。6个月的宝宝喜欢探索,喜欢拿住再松开的感觉。8个月的宝宝会用两只手交换玩具。你会发现这时候的宝宝总是很有耐心地抓住一个物体来回把玩,随心所欲地把一块积木从一只手递到另一只手上。1岁的宝宝喜欢用手指头捡拾,这时,宝宝的手指变得更灵敏——能够像镊子那样发挥作用,拇指和中指能够拾起像毛线或面包屑这样细小的东西。

宝宝打水操

益智点

通过辅助宝宝做打水操，可以锻炼宝宝的腿部力量、促进宝宝腿部肌肉发育，提高大运动能力。

游戏来了

让宝宝平躺，握住宝宝的双脚脚踝。先将宝宝的左脚上下摇一次，再将宝宝的右脚上下摇一次，如同双脚打水状。也可以在宝宝的脚踝处施力，先弯曲、伸直宝宝的左脚，再弯曲、伸直宝宝的右脚，反复10次。

大动作能力

自我认知能力

注意要点

妈妈在抓握宝宝的双脚时不要用力，动作幅度不要过大，以免弄疼宝宝。一切以适合新生儿的力度为宜。

盘盘小腿

益智点

锻炼宝宝腿部的肌肉，提高腿部大动作能力。

游戏来了

将宝宝放在床上，保持房间温暖。爸爸轻轻握住宝宝同侧的脚踝和大腿，盘向另一条腿，让宝宝的身体和屁股跟着盘过去，再将宝宝放回平躺的姿势。换另一条腿，做盘转运动，如此反复数次。

注意要点

在做盘腿游戏时，妈妈可以在旁边帮忙，用手轻轻护着宝宝的腰背，帮助宝宝盘转。

大动作能力

自我认知能力

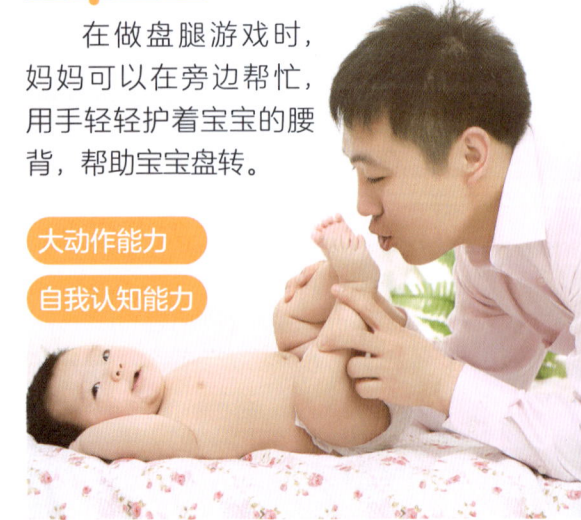

按摩小脚丫

益智点

通过对宝宝的脚底进行按摩，能促进宝宝的神经系统发育，进一步增加宝宝对自己身体的体验和认识，有助于宝宝触觉的发展，也有利于宝宝身体的健康发展。

游戏来了

1. 妈妈把温暖的手轻放在宝宝的脚底，安静地握住宝宝的脚，给予支撑，保持接触，等待宝宝的反应。

2. 妈妈用一只手托住宝宝的脚后跟，另一只手的手指聚拢在宝宝的脚背，用拇指指肚轻揉脚底，从脚尖抚摸到脚跟，反复3～4次。妈妈一边抚触，一边念着儿歌："妈妈揉揉小脚，宝宝健康快乐。"

3. 妈妈用一只手托住宝宝的脚，另一只手的拇指和食指轻轻捏住宝宝的脚趾，从小指开始依次转动、拉伸每个脚趾。

注意要点

脚底按摩很适合新生儿。当妈妈抱着宝宝时，只要宝宝愿意，就可以帮宝宝进行脚底按摩。

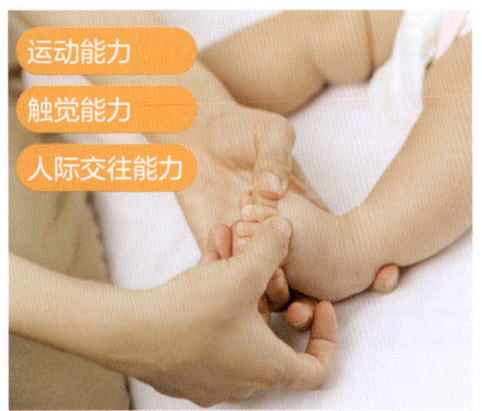

运动能力
触觉能力
人际交往能力

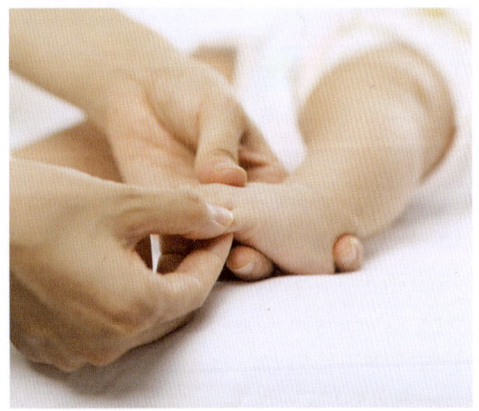

爸爸妈妈看过来

按摩是亲子间爱的传递与交流，可以促进宝宝肌肉协调发展，使宝宝心情愉悦、人格健康发展，并能有效地促进宝宝智力的发育。

语言能力开发

新生儿已经能区分语言和非语言声响了，此外，还能分辨不同的语音。这时，爸爸妈妈要与宝宝多交流，促进其语言能力的发育，这有利于与宝宝建立更密切的关系。

拉长发音

益智点

刺激宝宝语言能力发育。

语言能力　听觉能力　视觉能力　模仿能力

游戏来了

让宝宝仰卧在妈妈怀里或躺在床上，妈妈做出各种表情，并发出简单欢快的声音，吸引宝宝的注意力。当宝宝发出"o——o——o"的声音时，妈妈重复并拉长其发音"o——o——o"。

注意要点

这种相互交流有助于宝宝语音的形成。延长发音可以强化宝宝正在形成的语音，有助于宝宝语言能力的提高。

爸爸妈妈看过来

妈妈发出的声音不要太大，以免吓着宝宝，也不要急于求成地发出太复杂的音。

专家点拨

要培养宝宝的语言能力，先要培养宝宝听别人说话的兴趣，从而强化宝宝对语言的理解能力。

在家里，爸爸妈妈要营造一个温暖亲切的环境。妈妈可抱起宝宝，轻轻地亲吻他，用手抚摸他的小手、小脸、小身体。在宝宝哭闹时，将宝宝抱起来贴近胸口处，让宝宝听听妈妈的心跳声，他就会变得安静和愉悦。

数学逻辑能力开发

出生不满 1 个月的宝宝数学能力表现微弱,但并不代表宝宝没有数学能力。对于婴幼儿来说,早点理解数量的概念有利于他们以后数学能力的提高,所以爸爸妈妈要尽量帮助宝宝感受数量的变化。

小红帽,小蓝帽

益智点

帮宝宝感觉数量变化,提高数学能力。

数学能力

视觉能力

听觉能力

游戏来了

妈妈分别把两顶小帽子套在自己的两只手上,吸引宝宝的注意力。为宝宝念儿歌:"小红帽,小蓝帽,一眨眼睛不见了。"念"小红帽"时,将戴红帽子的手稍微举高,在宝宝面前慢慢晃动两下;念"小蓝帽"时,将戴蓝帽子的手稍微举高,在宝宝面前晃动两下;念"不见了"时,迅速将两只手藏在背后,或将一只手藏在背后。

注意要点

1. 这个游戏不仅能帮宝宝感受数量,还能锻炼宝宝的空间知觉,并能让他感受物体在空中的运动。

2. 除了用帽子外,也可以换成两三种颜色对比鲜明的小玩具,代替帽子与宝宝做游戏。

空间感知能力开发

1个月的宝宝能对快速移动的物体做出反应,但没有成熟的空间概念。

认识我们的家

空间感知能力
视觉能力
听觉能力

益智点

帮助宝宝了解周围的环境,促进空间感知能力。

游戏来了

在宝宝出生后半个月,妈妈竖着抱起宝宝,用右手支撑他的头使他不至于后仰,沿着房间观看四周墙壁的挂图和玩具饰物,和宝宝一起熟悉家。爸爸在后面与宝宝说话,引诱他寻找或者让他转头看。

妈妈可以边抱宝宝看边给宝宝讲述,每到一处就指指看到的物品,告诉宝宝是什么。比如,看到宝宝的小床时,要对宝宝温和地说:"宝宝看看,这是我们的家,这是宝宝的小床,宝宝的床很漂亮。"如果看到宝宝对家里某个物品特别感兴趣,就在该物品前多停留一会儿,以使宝宝能够多看一会儿,并认清楚。

虽然这时宝宝还没有照镜子的经验,不明白镜子里是什么,但是爸爸妈妈仍然可以将宝宝抱到镜子前,对着镜子做几个动作,并告诉宝宝"这是宝宝,那是妈妈"之类的话。

注意要点

虽然宝宝还不能听明白妈妈的话,但这样的游戏能帮助宝宝初步熟悉自己周围的环境。让宝宝以舒服的体位看到许多新事物,宝宝会伸头或使劲转动头部去看或寻找,也使得颈部得到锻炼,逐渐能够支撑头部。

爸爸妈妈看过来

这个游戏可以每天进行,但时间不宜过长,每次3~5分钟后让宝宝躺下休息一会儿,以免宝宝厌倦。

黑白图卡

空间感知能力
形象思维能力

益智点

训练宝宝对图形、颜色的感知能力，开发宝宝的形象思维能力、空间感知能力。

游戏来了

父母为宝宝准备一些黑白图形，比如黑色的三角形、白色的圆形、黑色的长方形等。让宝宝躺在床上，然后出示不同的图形给宝宝看，每种图形让宝宝看1分钟，同时观察宝宝的反应。

也可以采用在宝宝的床头贴上棋盘、拼图、条纹、曲线、同心圆、串珠等几何图形的方式来进行。在宝宝醒来时，让他去看这些令他感兴趣的东西。

注意要点

形象思维能力强的人，对形象的图和画都很感兴趣，喜欢看书中的插图和图表，这种特征在很小的时候就会表现出来。发展这种智能，能让宝宝以后善于形象地描绘事物，有利于培养形象思维、对空间关系的把握能力等。

黑色的三角形

白色的圆形

黑色的长方形

见此图标 微信扫码 | 手把手教你养育健康聪明好宝宝

人际交往能力开发

婴儿出生就会笑,这是"生理性的微笑",是与生俱来的。慢慢地,新生儿会学会对人脸和玩具微笑,这表明他产生了社会交往需要,转变为"社会性微笑"。

乖宝宝找妈妈

人际交往能力
听觉能力
视觉能力
运动能力

益智点

锻炼宝宝的人际交往能力。

游戏来了

把宝宝放在柔软的婴儿床上或摇篮里,让宝宝舒服地仰卧。妈妈先俯身面对宝宝,与宝宝视线相对。妈妈慢慢地转身,移动到宝宝的侧面,一边移动一边说:"妈妈去哪儿了?妈妈呢?"接着,再慢慢地移回到宝宝的视线内,一边移动一边说:"呵呵,妈妈在这儿呢。"然后拿起宝宝的小手,触摸一下自己的鼻子或者脸颊,逗宝宝笑,反复两三次。

注意要点

通常,1个月的宝宝已经能够听出妈妈的声音,通过游戏可以增进妈妈和宝宝之间的感情,让宝宝感觉愉快。此外,这个游戏可以锻炼宝宝的听力,为宝宝掌握语言打下基础;还可以锻炼宝宝头部的灵活性,提高宝宝的运动能力。

爸爸妈妈看过来

宝宝非常容易疲劳,游戏时间一定不要太长,每次2~3遍即可。1个月的宝宝转头能力还很弱,所以妈妈要注意移动的角度不要太大,可以根据宝宝的情况,稍稍大于宝宝能转动的角度即可。

感觉能力开发

出生后，新生儿用感官把外界的信息不断地传递到大脑中，使感官、大脑、身体、行动都协调起来，以适应外界的生活。这些适应的过程和心理发育与感觉能力密切相关。

眼跟红球180°

视觉能力
运动能力
探索能力
人际交往能力

益智点

训练视觉能刺激宝宝的大脑发育，并启发宝宝的探索和交往能力。

游戏来了

宝宝仰卧位时，将一个红绒球放在他的眼睛正上方，并且上下左右缓慢地移动，使宝宝的眼睛跟着红绒球看。这时，在追视的基础上，宝宝有时会舞动四肢，向爸爸妈妈露出开心的微笑。在经过一段时间的视觉训练后，宝宝的眼睛就会跟着红球转180°了。

注意要点

爸爸妈妈在照顾宝宝时，要帮助宝宝进行视觉能力的训练。除了眼跟红球180°，还可以用红花或色彩鲜艳的物体在小宝宝眼前左右来回慢慢移动，距离要适当，引导宝宝将头向着红花方向移动，视线随红花移动。这样便可以增强宝宝的视觉能力。

专家点拨

新生儿出生后就具有看的能力，很容易记住看到的东西。新生儿喜欢看鲜艳、动感的东西，对光敏感。出生3周左右，他就学会注视视野中出现的物体，并追随物体转移视线。个别宝宝和妈妈眼睛对视时，甚至会暂停吸吮，全神贯注地凝视着妈妈，这是人类最完美的情感交流。

尽管新生儿的视觉能力是所有感觉中发展水平最低的，视觉适应及视敏度水平有限，但被称为"智慧之窗"的眼睛能获得外界80%的信息，充分发挥这方面的潜在能力，将有利于智力发育。

铃儿响叮当

益智点

让宝宝经常聆听声音，习惯声音，从而提高宝宝的听觉记忆能力。

游戏来了

准备好大小合适的铃铛，将铃铛系在宝宝的手上或脚上。宝宝动手或动脚使铃铛响起。或者妈妈一边轻轻摇动宝宝的手和腿，使铃铛轻响，一边说："宝宝听，什么响？宝宝听，铃铛响。铃儿响叮当……"

注意要点

铃铛不能太响，以免刺激宝宝的耳膜。铃铛上不能有毛刺，以防划伤宝宝。在宝宝睡觉时应解下铃铛，以免宝宝醒来突然听到声音受到惊吓。另外，在摇动宝宝手脚时动作要轻柔。

- 听觉记忆能力
- 运动能力

专家点拨

新生儿会将头转向声音传来的方向。虽对轻微的声音不如成年人敏感，但是能够分辨不同大小、方向的声音，尤其对语言会有所反应。能辨认出妈妈的声音。

新生儿最喜欢听妈妈的声音。有个小实验很有趣：让宝宝只看着妈妈的脸，但让宝宝听到别人说话的声音；再反过来，让宝宝看着别人的脸，但听到妈妈说话的声音。在这两种情况下，宝宝都会出现慌乱、苦恼的样子。如果让宝宝看着妈妈的脸，并听到妈妈说话的声音，宝宝就会眼睛发亮，神情兴奋，面露笑容。其次，喜欢爸爸的声音，再接下来喜欢高亢悦耳的声音。

新生儿不喜欢音量过大的声音和噪声，如在耳边听到音量大的噪声，头部会转到相反的方向，甚至用哭声来抗议这种干扰。

给宝宝做抚触

触觉能力
自我认知能力

益智点

抚触按摩有助于宝宝情感的发展；还有增进宝宝神经系统发育的作用，使宝宝感到放松；还能刺激血液和淋巴系统，有利于宝宝健康成长。

游戏来了

当宝宝洗完澡或睡醒后，要抚触按摩宝宝全身的皮肤，并和宝宝说话。

注意要点

为宝宝按摩，最好在宝宝清醒、能清楚观察宝宝的表情和反应的情形下进行。喂完奶后的1小时内不适合进行抚触。为避免宝宝吐奶，最好选在两餐之间抚触，如上午11点和下午4点各喂一次奶，就要在下午2～3点进行抚触。宝宝洗澡后、睡醒后是抚触按摩的好时机。

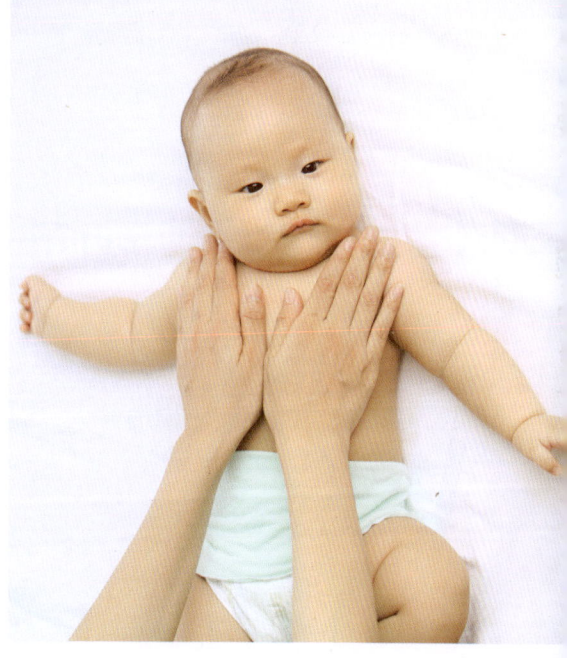

专家点拨

新生儿最大的触觉器官是皮肤，全身皮肤都有灵敏的触觉。实际上，当胎儿被子宫内温暖的软组织和羊水包围时，就开始有触觉了。习惯于被紧紧包裹在子宫内的胎儿，出生后喜欢紧贴着身体的温暖环境。当新生儿啼哭时，父母都会本能地抱起自己的孩子，并轻拍、安抚他们，这是在充分利用触觉安慰新生儿。

模仿创新能力开发

新生儿从2周起，就学会了模仿妈妈的面部表情，如模仿妈妈伸舌头、张嘴。新生儿最初学会的本领都是通过模仿获得的。例如，妈妈聚精会神地看着宝宝，宝宝也目不转睛地望着妈妈。

伸伸舌头咂咂嘴

分析判断能力
视觉能力
听觉能力

益智点

培养宝宝的观察与模仿能力，训练创造性思维能力。

游戏来了

父母面对宝宝做口形的游戏，比如，爸爸张口，妈妈也张口；爸爸伸出舌头，妈妈也伸出舌头；爸爸咂嘴，妈妈也咂嘴。观察宝宝会不会模仿父母的动作，跟着张口、伸舌、咂嘴并发出声音。

注意要点

父母在给宝宝做动作的时候，要注意宝宝模仿得是否正确。有的宝宝发育得比较慢，一开始的时候可能只是看着，不会跟着父母做动作，这时候就要求父母有足够的耐心，反复做这个游戏，慢慢地宝宝就会跟着一起做了。

0～1个月宝宝智能水平小测试

1. 第一次看离眼 20 厘米、模拟妈妈面孔的黑白图画时，注视
   A. 10 秒以上　　　B. 7 秒以上　　　C. 5 秒以上　　　D. 3 秒以上

2. 在离耳部 15 厘米处摇动内装 20 粒黄豆的塑料瓶时，宝宝
   A. 转头眨眼　　　B. 皱眉　　　C. 耸鼻张口　　　D. 不动

3. 大人将手突然从远处移至宝宝眼前，宝宝
   A. 转头眨眼　　　B. 眨眼　　　C. 不动

4. 手
   A. 双手可达胸前，可吸吮任一侧手指　　　B. 单手可达胸前，只吸一侧手指
   C. 吸单侧拳头　　　D. 双手在体侧不动

5. 把笔杆放入宝宝手心，宝宝
   A. 紧握 10 秒以上　　　B. 握住 5 秒以上
   C. 握住 2 秒　　　D. 不握或握后马上放开

6. 啼哭时，大人发出同样的哭声，宝宝
   A. 回应性发音 2 次　　　B. 回应性发音 1 次
   C. 停止啼哭，等待　　　D. 仍继续啼哭

7. 大人同宝宝讲话时，宝宝
   A. 发出喉音回答　　　B. 小嘴模仿　　　C. 停哭注视　　　D. 不理会

8. 逗笑——大人用手指挠宝宝胸脯，宝宝发出回应性微笑出现在
   A. 生后 5 天　　　B. 生后 10 天　　　C. 生后 15 天　　　D. 生后 20 天

9. 10 天后俯卧时
   A. 头能抬起，下巴贴床　　　　　B. 眼睛抬起观看
   C. 头转向一侧，脸贴在枕头上　　D. 头不能动，埋入枕中，由大人转动

10. 俯卧时，大人双手从胸部两侧将宝宝抱起，宝宝
    A. 头与躯干平行，下肢下垂　　　B. 头与下肢均下垂

题号	得分			
	A	B	C	D
1	10	7	5	3
2	10	8	6	0
3	6	5	0	
4	6	5	3	1
5	10	7	5	0
6	10	8	7	2
7	12	10	8	0
8	16	14	12	0
9	12	10	8	4
10	8	4		

结果分析

60 分以下

宝宝的智能发展未达到理想的水平，妈妈要多加训练。

60 ~ 80 分

宝宝的智能发展尚可，达到平均水平，若要提升宝宝的智能，妈妈要多加训练。

80 分以上

宝宝的智能发展非常棒，继续努力吧！

备注：本书中的智能测试评分方法仅供参考。测试的结果因人而异，若宝宝达不到平均水平，可重复测试，让宝宝多练习，一定做得到。

第 2 章

1~2个月
宝宝在咿呀学语

现在，我可以模仿短促的发音了，我的小嘴老是"咕噜咕噜"的；我非常喜欢听音乐和妈妈的歌声，并且对别人的微笑和谈话有反应了；晚上我变得比较安静，喜欢在白天玩，妈妈说我能分清白天和黑夜了；俯卧时，我的头能离开床面；我特别喜欢玩自己的手，老是吸吮着小手指；看到其他小宝宝时，我会很高兴。

当爸爸妈妈把颜色鲜艳的图形和会动的玩具放到我面前时，我会非常感兴趣，还会经常握住玩具呢。爸爸妈妈逗引我时，我会很开心地笑起来。

1～2个月宝宝的成长树

大动作
- 轻轻拉着宝宝的手腕坐起,与第一个月相比,宝宝的头不会马上前倾,能竖直2～5秒,但很快会垂下去
- 宝宝直立位及俯卧位时能抬头,俯卧抬头能离开床面30秒

人际交往
- 宝宝自己会表示兴奋、苦恼、高兴,并能以吸吮方式使自己安静下来
- 宝宝不舒服时会哭,可笑出声,有面部表情

语言
- 大人对宝宝讲话时,宝宝能集中注意力,还能发音回应

精细动作
- 用带柄的玩具碰宝宝手时,宝宝能握住玩具柄2～3秒

感觉
- 宝宝听见某种声音会有所反应

宝宝的基本生长发育

项　目	男宝宝	女宝宝
身高（厘米）	54.3 ~ 63.3	53.2 ~ 61.8
体重（千克）	4.5 ~ 7.1	4.2 ~ 6.6

妈妈育儿指南

❶ 一般情况下，母乳喂养的宝宝，如果母乳充足，在 6 个月内不必添加任何辅食，包括水。但如果宝宝出现发热、腹泻、呕吐并因此脱水的症状时，应酌情补水。

❷ 坚持母乳喂养，如妈妈或宝宝有不能母乳喂养的情况，可酌情改为配方奶喂养。

❸ 在宝宝醒后或喂奶 1 小时后，帮宝宝练习俯卧抬头，每天至少 2 次。

❹ 多给宝宝看鲜艳的图形和运动的物体，培养宝宝的观察能力。

❺ 训练宝宝的手部精细动作和大动作能力。

❻ 多逗引宝宝笑，培养宝宝交往能力。

❼ 多跟宝宝说话、交流，让宝宝对发音产生兴趣，提高语言能力。

❽ 创造各种声音，提高宝宝寻找声源的能力。

❾ 让宝宝看自己的小手。

❿ 训练宝宝养成规律的生活习惯。

⓫ 多带宝宝进行户外活动，坚持日光浴、空气浴、水浴，做宝宝体操。

⓬ 仔细分辨宝宝的哭声，解决其需求。

⓭ 观察宝宝排便是否正常。

⓮ 定期给宝宝清洗眼屎，避免发生眼部疾病。

扫码获取
* 婴儿护理
* 饮食喂养
* 科学早教
* 育儿贴士

读懂1～2个月宝宝，选择合适的玩具与游戏

认识1～2个月宝宝

宝宝的小手松开了

宝宝到2个月大时，小手已经学会放松了，不再一直紧握拳头，有时会两手张开，摆出想拿东西的样子。虽然这是一个无意识的动作，但宝宝有时看到玩具会乐得手舞足蹈，全身乱动，有时踹得床板啪啪作响。宝宝经常会本能地将手伸到头部，用手抓挠眼睛和耳朵，最后将手伸进口中吸吮。虽然尚不能有意识地活动手指，但如有东西碰到小手时，宝宝也会无意识地抓紧往嘴里塞。如果给宝宝小玩具，宝宝可无意识地抓握片刻。

宝宝对妈妈的声音情有独钟

经过1个多月的哺育，宝宝已经很熟悉妈妈说话的声音了，若听到陌生的声音，他会感到吃惊，如果声音很大，他还会因感到害怕而哭起来。

因此，大人要多给宝宝听些轻柔的音乐和歌曲，对宝宝说话、唱歌的声音都要悦耳。另外，宝宝玩具的声响应控制在70分贝以内，生活环境的噪声不要超过100分贝。

适合1～2个月宝宝的玩具与游戏

这个阶段的宝宝对色彩、声音、动作等有很强的探索欲望，所以最好选颜色鲜艳（红黄搭配）或发声的无棱角玩具，越简单越好，最好只有一种功能，如色彩鲜艳的气球、图案对比明显的图片、可以抓握能捏出响声的塑料玩具，声音比较柔和的摇铃、床铃、花铃棒等。在宝宝清醒时，爸爸妈妈拿着玩具在距离宝宝30厘米左右的地方，上下左右或者做弧形转圈晃动，让宝宝的眼睛追着玩具走，或在距离宝宝耳朵15～20厘米的地方轻摇响铃，让宝宝转头，或把这些小摇铃、花铃棒有意识地塞到宝宝的小手中，帮助宝宝的触觉发育，练习宝宝的抓握能力。

注意玩具不要离宝宝太近，不要把声音很大的电动玩具放在宝宝的耳边，对宝宝的耳膜不好。毛茸茸的玩具最好不要给宝宝，因为其易吸附灰尘，可能螨虫超标，还有导致宝宝患上湿疹等过敏性疾病的风险。

运动能力开发

出生1~2个月是宝宝成长发育最迅速的时期,也是运动能力成长发育的最快阶段,这时应做好全方位的训练。

学升降

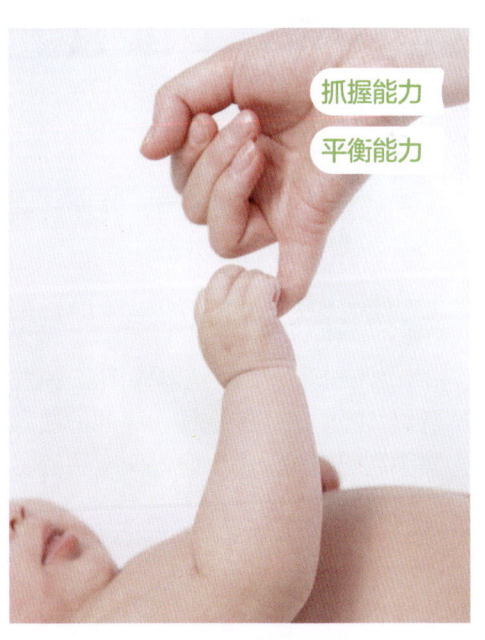

抓握能力
平衡能力

益智点

引导宝宝多做抓握动作,提升手部能力,并能借此建立亲子关系。

游戏来了

宝宝躺在床上,家长把双手的小指塞进他的小手内,他会自然地握着。

当感觉到宝宝的握力渐渐增强,可慢慢把双手提升,宝宝会自然跟随,再轻轻地将仰卧的宝宝拉起来,让他坐着。每次持续数秒。

注意要点

当宝宝的握力慢慢增强,并与家长有默契后,家长可试着把宝宝拉高一点,像玩单杠游戏一般,维持约30秒。

爸爸妈妈看过来

2个月大的宝宝刚开始抓握东西时,眼睛并不看着手,看东西时也不会去拿,眼和手的动作不协调。

语言能力开发

2个月大的宝宝，在有人逗时，会发笑，并能发出"啊""呀"的语音。一旦发起脾气来，哭声也会比平常大得多。这些特殊的语言是宝宝与大人的情感交流方式，爸爸妈妈应对宝宝这种表现及时做出相应的反应。

摇啊摇，铃啊铃

益智点

锻炼宝宝的听觉能力，并提升宝宝的自我认知能力。

游戏来了

妈妈先摇摇小铃铛、拨浪鼓等发声玩具，吸引宝宝的视线，让他把注意力集中到妈妈的脸上。妈妈叫宝宝的名字，对着他说话。

注意要点

妈妈在与宝宝说话时要注视着宝宝，并注意说话的声调与面部表情。

爸爸妈妈看过来

可以在不同的方向弄出声音来，让宝宝去寻找声源。这是很好的听觉训练，也有助于语言的发展，因为宝宝总是先学会听，然后学会说的。

人际交往能力开发

2个月的宝宝开始有了自己的情绪,喜欢听柔和的声音;会笑;对外界的好奇心不断增强;开始用"咿呀"的发音与人对话。当父母或他熟悉的人出现在他面前时,他会注视着这个人的脸,手脚乱动,会对其微笑。这种反应是宝宝最初的交际方式。

有趣的抚摸

益智点

这是一项极有意思的游戏,可以增进宝宝同父母之间爱的交流。

游戏来了

准备一些可以轻抚宝宝的物品,如羽毛、毛毯、丝绸、棉球等。怀里抱着宝宝,一边用这些物品轻轻触摸他的手指和脚趾,一边同他低声说话,他将会感到非常快乐。

注意要点

每次触摸宝宝的手指和脚趾,可以采用不同的物品,宝宝会非常喜欢这项游戏。

- 人际交往能力
- 自我认知能力
- 听觉能力
- 语言能力

见此图标 微信扫码 手把手教你养育健康聪明好宝宝

与宝宝共处

益智点

拉近爸爸妈妈与宝宝之间的情感距离,培养宝宝的人际交往能力。

游戏来了

充分利用喂食的时间。不论宝宝是喂母乳还是配方奶粉,喂奶时都要安抚宝宝。经常和宝宝说话,不管他能不能听懂,都必须以充满爱的口吻,轻声细语地和宝宝说话。

注意要点

爸爸或妈妈也可以试着为宝宝读书,不管他是否明白书中的内容。因为这个简单的例行工作,会增加你们共处的机会。

人际交往能力

语言能力

自我认知能力开发

此时的宝宝还没有自我意识,爸爸妈妈要逐渐引导宝宝认识自我。

玩玩小手

益智点

锻炼宝宝手的被动抓握能力,建立自我意识。

游戏来了

在宝宝清醒的情况下,引导宝宝触摸自己的双手,并让宝宝玩自己的双手,增强宝宝对自己手的认识,同时锻炼宝宝触摸和抓握的能力。

注意要点

如果宝宝一开始没有触摸自己的小手,家长也不要灰心,多加引导,宝宝自然就学会了。

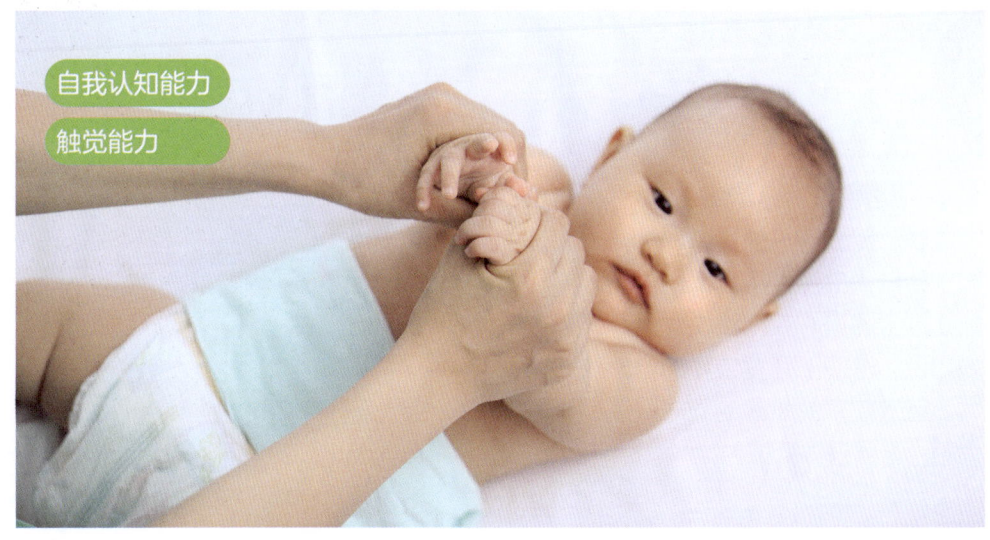

自我认知能力

触觉能力

自然认知能力开发

让宝宝接触自然、认识自然,培养宝宝的自然感知能力,是很有必要的,因为自然中蕴含着无穷的魅力。

看看绿色

益智点

帮助宝宝认识和探索自然,促进其观察能力发展。

游戏来了

选一个好天气,带宝宝到公园或田野里,让宝宝看看绿色的树木、草地或农作物,并告诉宝宝看到的是什么。如"宝宝看,这是漂亮的花,这是绿色的小草"等,引起宝宝观察的兴趣。

注意要点

人类是自然界的一部分,在自然中成长、受教育。创设有利的条件,让宝宝接触大自然,从自然中学习,不仅能让宝宝的身心获得愉悦,还能学到很多知识,有助于开发宝宝的自然感知能力。宝宝在享受风景的同时,还能晒晒太阳,增强身体抵抗力。

自然认知能力 观察能力

带着宝宝去公园散步,跟宝宝说,这是花儿,这是叶子,教宝宝认识大自然。

感觉能力开发

当有人与宝宝讲话或有声响时,宝宝会认真地听,并能发出"咕咕"的应和声,会用眼睛追随走来走去的人。

宝宝能注视眼前的物体的运动,并开始暂时跟踪;喜欢看人脸形,并表现出对人脸的兴趣;对别人的微笑和谈话会有所反应。

拨浪鼓响咚咚

益智点

锻炼宝宝的抓握能力和观察力,对宝宝的手眼协调、视觉能力也大有裨益。

游戏来了

妈妈手摇拨浪鼓吸引宝宝的注意力,当宝宝张开小手时,妈妈把拨浪鼓柄放到宝宝的小手中,鼓励宝宝抓握。当宝宝握住玩具时,妈妈可以这样说:"宝宝抓到喽,宝宝真棒!"

注意要点

拨浪鼓能发出富于变化的响声,吸引宝宝的注意力。妈妈要经常检查拨浪鼓两旁的弹丸是否牢固,防止其因不牢固掉下而被宝宝吞食。

- 听觉能力
- 握持能力
- 视觉能力
- 手眼协调能力

宝宝碰到了什么

益智点

锻炼宝宝从无意识地触摸到有意识地去摸。

游戏来了

在床栏上挂上布娃娃等玩具,引导宝宝用手去触碰这些玩具。当宝宝在清醒状态下无意识地碰到了布娃娃,他会感到触摸的感觉,这种奇怪的感觉会让他再次触碰。然后宝宝就会掌握规律,不断地触碰。爸爸妈妈这时可引导宝宝去碰别的东西,不同的触感会让宝宝的好奇心更加旺盛,他会一直做这个游戏。

注意要点

宝宝的皮肤很敏感,千万不要给宝宝一些有毛刺的玩具;不要让玩具碰到宝宝的头,以免吓到宝宝或者碰伤宝宝。

- 大动作能力
- 抚触能力
- 认知能力

专家点拨

宝宝在大脑里存储的感知经验越多,以后可提取的信息与经验也会越多。让宝宝接受不同触感,也就是接受了更多刺激,对大脑信息存储与提取会很有帮助。

爸爸妈妈看过来

床栏上的玩具可以换为塑料小球、铃棒等不同质地的物体,以增加触摸物质地的范围。

1~2个月宝宝智能水平小测试

1. 看画
   A. 对着喜欢的图画笑，对不喜欢的图画一扫而过，表现分明
   B. 仅双眼转动，幅度小于60°　　C. 不追视，双眼不动

2. 追视红球
   A. 向左右追视达180°，头和眼同时转动
   B. 仅双眼转动，幅度小于60°　　C. 不追视，双眼不动

3. 看手，仰卧时伸手到眼前观看
   A. 10秒以上　　B. 5秒　　C. 3秒　　D. 不看

4. 听声转头
   A. 听到妈妈的声音转头观看　　B. 眼看不转头　　C. 不动

5. 玩具放入手心
   A. 紧握放入口中　　B. 握紧达2分钟　　C. 握住马上放手　　D. 不握，掉下

6. 高兴时发出元音"a、i、o、e、u"等
   A. 3个　　B. 2个　　C. 1个　　D. 不发音

7. 因饥饿而大声哭闹时听到脚步声或奶瓶声会
   A. 停哭等待　　B. 哭声变小　　C. 仍大声啼哭

8. 逗笑时
   A. 45天前笑出声音　　B. 45天后笑出声音
   C. 微笑无声　　D. 不笑

9. 用勺子喂水时
   A. 吸吮吞咽　　　B. 舌头顶出　　　C. 未喂
10. 俯卧抬头
    A. 下巴离床　　　B. 下巴贴床　　　C. 抬眼观看　　　D. 脸全贴床
11. 竖抱时
    A. 头直立不用扶持　　　B. 头垂前方　　　C. 头仰向后
12. 扶腋在硬板床上自己蹬腿、迈步
    A. 10 步　　B. 8 步　　C. 6 步　　D. 4 步　　E. 不动

题号	得分				
	A	B	C	D	E
1	10	6	0		
2	10	6	0		
3	12	10	6	0	
4	10	5	0		
5	12	10	8	2	
6	10	6	3	0	
7	10	8	2		
8	12	10	8	0	
9	8	4	0		
10	10	8	4	2	
11	6	4	2		
12	10	8	6	4	0

结果分析

70 分以下

宝宝的智能发展未达到理想的水平，妈妈要多加训练。

70～110 分

宝宝的智能发展尚可，达到平均水平，若要提升宝宝的智能，妈妈要多加训练。

110 分以上

宝宝的智能发展非常棒，继续努力吧。

备注：本书中的智能测试评分方法仅供参考。测试的结果因人而异，若宝宝达不到平均水平，可重复测试，让宝宝多练习，相信能做得到。

第 3 章

2～3个月 翻身大练习

我已经是 3 个月的宝宝了，这是我体格发育最快的时期。这时的我对周围的一切都充满了好奇，能听到好多好玩的声音。醒着的时候也比较多了，还特别喜欢亲近自己的人，尤其是妈妈。我特别喜欢笑，还能笑出声音。当听见有人和我说话时，我会发出"啊""呜"的声音，有时还能发出"呀呀"的声音。

这个月是我脑细胞生长发育的高峰期，我需要的母乳也多了。这个月也是我心理培养与智力开发的关键期，爸爸妈妈千万不要忽视对我全方位的培养哦。

2~3个月宝宝的成长树

语言
- 有时能发出2个音节的音

大动作
- 宝宝抬头时,下巴能离开床面5~7.5厘米,角度达45°
- 扶坐时,头能竖起,但微微有些摇晃,并向前倾

精细动作
- 宝宝经常把手放到嘴里吸吮,并喜欢将手中的东西放进口中
- 宝宝的双手能在胸前互握了
- 宝宝会选择用某一肢体来操纵响铃

人际交往
- 宝宝见人就笑,笑的次数与日俱增

感觉
- 抱着宝宝来到桌边,然后把醒目的玩具放在桌子上,宝宝很快就能注意到玩具
- 在不同的方向发出声音,宝宝会转头寻找

宝宝的基本生长发育

项 目	男宝宝	女宝宝
身高（厘米）	57.5 ~ 66.6	56.3 ~ 65.1
体重（千克）	5.3 ~ 8.4	4.9 ~ 7.7

妈妈育儿指南

❶ 多带宝宝到色彩和图形丰富的地方，刺激宝宝的视觉，以发展思维能力。

❷ 让宝宝学会主动与人打招呼，以养成开朗的性格。

❸ 多给宝宝听各种声音，以提高其听觉能力。

❹ 让宝宝形成基本的生活规律，尽量避免宝宝睡"倒觉"。不要养成抱睡的习惯。

❺ 注意宝宝的皮肤护理，做适当的眼部按摩。

❻ 宝宝的围嘴要经常换洗，以保持清洁和干燥。

❼ 让宝宝多看、多听、多触摸，以丰富宝宝的感觉学习内容。

❽ 增加宝宝手部精细运动和大小肌肉运动能力训练。

❾ 为宝宝准备个小运动场，教宝宝学翻身。

❿ 多陪宝宝玩、说话，多拥抱宝宝，给予宝宝安全感。

⓫ 协助宝宝够取、拍打、触摸眼前的玩具。

⓬ 要保证婴儿床上的悬吊玩具安全和牢固。

⓭ 定期带宝宝做体检。

⓮ 警惕宝宝入睡后"打鼾"，并注意预防佝偻病。

* 婴儿护理
* 饮食喂养
* 科学早教
* 育儿贴士

扫码获取

读懂 2 ~ 3 个月宝宝，选择合适的玩具与游戏

■ 认识 2 ~ 3 个月宝宝

无意识的抓握

3个月左右，宝宝本能的握持反射就会消失，开始出现有意识的抓握，但手眼协调性还不强，是手部运动发育的最佳时期，要抓住时机锻炼宝宝。这时，宝宝的手经常呈张开状，可握住放在手中的长棒达数分钟，还会扒、碰，接触桌子上的物品，并将抓到的东西放入口中舔。

宝宝独特的语言

宝宝能发出几个音节了，如"la、ma"等；见到亲人或被人逗笑时，会发出短暂的笑声；看到吸引他注意力的物体时，会出现呼吸加重、全身用劲等表情。

宝宝的听觉与视觉

3个月大的宝宝，能区分来自水平方向的不同声音，并会主动寻找声源。这时，宝宝已经能分辨出不同人的声音，对亲人和陌生人的声音会做出不同的反应，特别是听到妈妈的声音会感到格外高兴；对红色非常敏感，其次就是黄色，一看到这两种颜色的玩具就会很快做出反应。

■ 适合 2 ~ 3 个月宝宝的玩具与游戏

2~3个月宝宝的视觉能力一天比一天提高，家长和他玩的游戏也要不断变换花样。这时宝宝头的运动能力和视觉能力均较差，一般可给他看悬吊玩具和移动玩具。

可以先让宝宝看玩具，当他注视玩具后可左右移动玩具。也可以把玩具直接放在宝宝胸前让他捧着玩。当玩具从胸前掉下来时，你可以帮他翻身呈俯卧位，两手放在两侧，他会抬头并伸手去够玩具，你可以帮宝宝把玩具放到他手里。当宝宝支撑不住时，你可以抱起宝宝，让他坐在你的腿上，然后抓着他的脚去踢玩具，如果玩具能发出声音，宝宝会非常高兴。反复多次后，宝宝会主动触摸玩具。

运动能力开发

3个月的宝宝大部分的时间都在仰卧着,但已经会做一些锻炼全身肌肉的运动了,如翻身。第3个月是宝宝动作训练的关键期,如果这时宝宝的做动作能力发育好,就能帮助其快速成长。爸爸妈妈要抓住这一时期对宝宝进行翻身和主动抓握训练。

翻身训练

大动作能力
身体平衡协调能力

益智点

让宝宝学会翻身。

游戏来了

1. 在宝宝左侧放一个好玩的玩具,再把他的右腿放到左腿上,再将其一只手放在胸腹间,轻托其右边的肩膀,在背后往左推宝宝,宝宝就会向左转。慢慢地,让宝宝自己翻转。

2. 妈妈让宝宝仰卧在床上,拿着宝宝感兴趣的玩具分别在两侧逗引,让宝宝自动将身体翻过来。

注意要点

在训练宝宝翻身时,应先从仰卧位翻到侧卧位,再回到仰卧位,每天训练2~3次,每次训练2~3分钟。

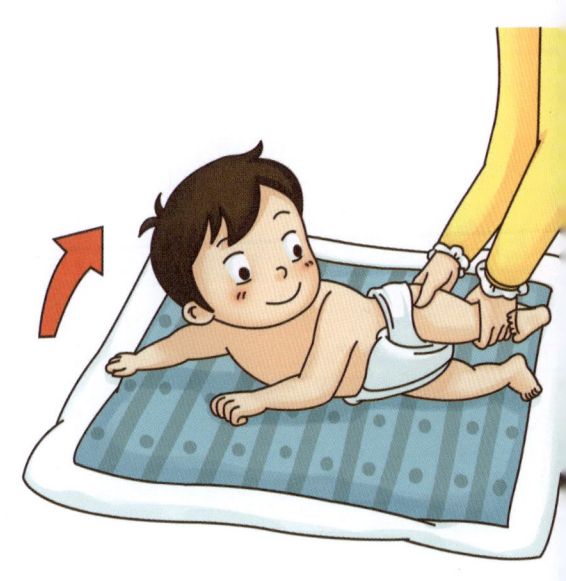

小手小手拍拍

益智点

手部的生长和心智的发展是互相促进的，手部锻炼不仅能促进肌肉和运动能力的发展，还能促进宝宝大脑的发育。

游戏来了

1. 宝宝睡醒后，让他仰卧在床或舒适地靠在妈妈身上。妈妈举起宝宝的两只小手，在其视线正前方晃动两下，以引起宝宝对手的注意。

2. 一边唱儿歌，一边轻轻拍动、摇摆宝宝的小手，让宝宝的视线追随手部运动。当唱到"跑得快"时，以稍快的速度将宝宝的双手平放在宝宝的身体两侧。

注意要点

跟宝宝玩游戏的时间不要太长，要以宝宝开心、舒适为前提，每次重复三次即可。

--- 爸爸妈妈看过来 ---

经常锻炼宝宝的上下肢肌肉，不但能增强宝宝的体质与运动能力，还可以训练宝宝的听觉和视觉。

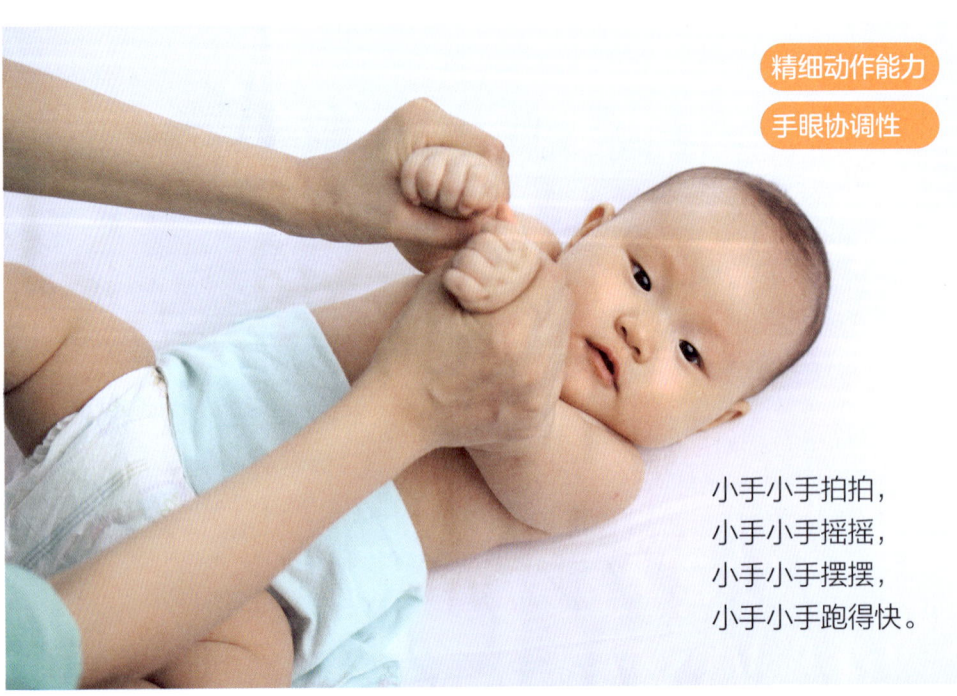

精细动作能力

手眼协调性

小手小手拍拍，
小手小手摇摇，
小手小手摆摆，
小手小手跑得快。

语言能力开发

3个月的宝宝能笑出声,也能发出声,当听见有人讲话时,会应和着发出"啊""呜"等声音,偶尔还能发出双元音,如"呀呀"等。父母这时候要多与宝宝交谈,多逗引宝宝"说话"。

拔萝卜

益智点

丰富宝宝的语言储备,让宝宝通过明快的语音节奏感受到语言的美妙,从而促进宝宝的语言能力发展。

游戏来了

1. 爸爸妈妈平时多积累一些儿歌,最好是三四个字为一句的,节奏明快的、单一的儿歌。

2. 爸爸妈妈抱宝宝时,一边摇一边给宝宝唱歌。

注意要点

宝宝如对儿歌有回应,像微笑、嘟嘟嚷嚷说单个字等,妈妈要及时鼓励,并多给宝宝朗读相同质感的儿歌。

`语言能力` `听觉能力`

拔萝卜

小花猫,拔萝卜,
拔不动,摔地上。
小黄狗,来帮忙,
大萝卜,晃一晃。
小黑猪,小山羊,
一起来,有力量,
一二三,号子响,
拔出个萝卜粗又长。

睡着了

摇篮里,静悄悄,
小宝宝,要睡觉,
闭上眼,盖好被,
小宝宝,睡着了。

第3章 2~3个月 翻身大练习

数学逻辑能力开发

对于3个月的宝宝,爸爸妈妈要尽量创设条件,通过游戏让宝宝感受到学数学的快乐,体验数学带来的乐趣,帮助宝宝提高数学能力。

大球小球

益智点

帮助宝宝认识大小的概念,提高数学能力,同时培养宝宝的观察能力。

游戏来了

妈妈把一个大球一个小球放在宝宝面前,让宝宝看球,指着大球告诉宝宝:"宝宝看,这是大球。"再指着小球告诉宝宝:"这是小球。"然后,妈妈把大球和小球分别拿起来让宝宝抱一抱,让宝宝亲自感受一下大球与小球在触觉上的不同。

注意要点

妈妈每天都要与宝宝做这个游戏,每次持续时间不能太长,以免使宝宝感到厌烦。

爸爸妈妈看过来

数字来源于生活,利用日常生活中的各种事物或宝宝的玩具,丰富宝宝的数学经验,充分调动宝宝的各种感官来体会数字概念。

- 数学逻辑能力
- 观察能力
- 触觉能力

空间感知能力开发

3个月的宝宝对空间中的一些物体开始产生兴趣，爸爸妈妈可以和宝宝一起做一些有关这方面的简单游戏。

小汽车，嘀嘀嘀

益智点

帮助宝宝理解空间物体的运动，提高空间感知能力。

游戏来了

在宝宝睡醒并空腹时，让宝宝俯卧在床，拿出一辆彩色玩具小汽车，逗引宝宝："宝宝看，小汽车，嘀嘀嘀！"当宝宝注意到小汽车时，妈妈慢慢移动小汽车，同时发出"嘀嘀嘀"的声音，让小汽车越来越远离宝宝的视线。把小汽车移出1尺（约0.33米）左右后，再慢慢移回宝宝眼前。反复2～3次，观察宝宝的反应。

注意要点

通过这种由近及远、由远及近的视觉活动，可以帮助宝宝认识空间，理解空间物体的运动关系，同时还可以锻炼宝宝的颈部肌肉。

- 空间感知能力
- 视觉能力

音乐能力开发

3个月的宝宝对音乐更加敏感了。爸爸妈妈要为宝宝创设音乐环境,增强宝宝的乐感和注意力,陶冶宝宝的性情,丰富宝宝的精神生活。

让宝宝辨音

益智点

通过有意识地让宝宝寻找声源的练习和语言的暗示,为宝宝以后辨别声音打下基础。

游戏来了

利用适合孩子的电子琴,先让宝宝只听一种单音,如"do",每次反复弹奏3～5分钟,每天1～3次,听3～5天。3～5天后再更换下一个单音。等熟悉各种单音后,可让宝宝听各音阶之间的差异,或弹奏简单的乐曲。接着,可增加各种不同乐器声音辨识的训练及演奏出不同的音乐训练。接下来,可以让宝宝聆听一些自然音乐,如流水声、鸟叫声,让宝宝大脑放松。

注意要点

家长注意,最好能每天给宝宝播放旋律简单悦耳的曲子。

`音乐能力` `听觉能力`

感觉能力开发

3个月的宝宝，两侧眼肌已经能互相协调了，能比较熟练地追视各种运动的事物；开始主动注意自己身体以外的环境，能倾听周围环境中的声音，会将头扭向声源。

小鸭子，布娃娃

益智点

帮助宝宝认识和了解不同物体的特性，锻炼宝宝的形态认知能力。

形象思维能力

触觉能力

游戏来了

把各种质地的物品放在宝宝面前，如小鸭子、布娃娃、木质拨浪鼓等。把这些东西分别放入宝宝的手中，让宝宝握住，并告诉宝宝是什么。比如，把会叫的小鸭子放到宝宝的小手中时，对宝宝说："这是可爱的小鸭子，它还会叫呢。"把布娃娃放到宝宝的小手中时，对宝宝说："这是可爱的布娃娃，是布做的，是不是非常柔软？"

注意要点

爸爸妈妈要想培养宝宝的形象思维能力，就要注意与具体的形象结合。应有意识、有计划地给宝宝安排一些需要形象思维的活动，使宝宝在游戏中逐渐提高形象思维能力。

模仿创新能力开发

3个月的宝宝模仿能力增强,可以模仿妈妈简单的表情。

拉响铃铛

益智点

通过看与听,促进宝宝大脑的判断能力,提高宝宝的创新思维能力。

游戏来了

1. 在宝宝的床头上方挂一些系着铃铛的气球,让宝宝能看到。在气球上系一根绳子,绳子的另一头系在宝宝左手腕上,然后妈妈握住宝宝的小手摇动,气球上的铃铛会响动。妈妈松开手,让宝宝自己玩,他会挥动四肢,牵动气球,让铃铛响起来。

2. 妈妈再把绳子系在宝宝的右手腕上,宝宝会继续晃动全身,最后知道,只要挥动右手腕就能让铃铛响起来。

3. 妈妈还可以把绳子分别系在宝宝的左右脚踝上,让宝宝感知动哪个肢体能让气球运动,使铃铛响起来。

创新能力
视觉能力
理解能力

注意要点

宝宝3个月大时便可以开始做这个游戏。爸爸妈妈每天给宝宝做记录,看看宝宝是从哪天开始只用一个肢体就能直接拉响铃铛。通常,宝宝85天左右就能用一个肢体拉响铃铛了。

2~3个月宝宝智能水平小测试

1. 认识妈妈
   A. 见到妈妈主动投怀　　　　B. 见到爸爸主动投怀　　　　C. 对谁都一样

2. 追视红球时，宝宝
   A. 头颈活动，上下左右环形追视　　　　B. 会上下追视
   C. 会左右追视　　　　D. 小于60°左右追视，眼动头不动

3. 眼看双手，宝宝
   A. 互相抓握玩耍，抓脸、衣服、被子　　　　B. 手乱抓，眼看不清
   C. 手不会抓物

4. 牵铃的绳子套在某一肢体上，宝宝
   A. 知道动哪一肢体铃声会响　　　　B. 全身滚动使铃声响
   C. 不会牵绳、弄不出声音

5. 会发长元音或双元音
   A. 3个　　　　B. 2个　　　　C. 1个

6. 大人讲话时，宝宝
   A. 大声答话　　　　B. 小声答话　　　　C. 笑而不答　　　　D. 毫无反应

7. 什么情况下会笑
   A. 见熟人笑，对镜子笑　　　　B. 见人就笑　　　　C. 人逗才笑　　　　D. 很少笑

8. 翻身 90°

   A. 仰卧转侧卧　　B. 俯卧转侧卧　　C. 侧卧转仰卧　　D. 侧卧转俯卧

9. 俯卧抬头

   A. 抬起半胸，用肘支着　　B. 抬头，下巴离床　　C. 眼睛往前看，下巴贴床

10. 宝宝俯卧，大人用双手从两侧托胸并举起时

    A. 头、躯干和髋部呈直线，膝部曲成游泳状

    B. 头和躯干呈直线，下肢下垂　　　　　　C. 头及下肢均下垂

11. 扶腋站在硬板上迈步

    A. 5 步　　　　　　B. 4 步　　　　　　C. 3 步　　　　　　D. 1 步

题号	得分			
	A	B	C	D
1	5	4	1	
2	9	6	3	1
3	10	6	0	
4	12	10	2	
5	9	6	3	
6	12	10	8	0
7	10	8	6	4
8	12	10	8	6
9	10	8	6	
10	10	6	2	
11	6	5	4	2

结果分析

60 分以下

宝宝的智能发展未达到理想的水平，妈妈要多加训练。

60～100 分

宝宝的智能发展尚可，达到平均水平，若要提升宝宝的智能，妈妈要多加训练。

100 分以上

宝宝的智能发展非常棒，继续努力吧。

备注：本书中的智能测试评分方法仅供参考。测试的结果因人而异，若宝宝达不到平均水平，可重复测试，让宝宝多练习，相信能做得到。

第 4 章

3~4个月
爱黏人的萌宝宝

我已经是4个月的宝宝了，这时候的我很喜欢玩，喜欢让人抱，会把头转来转去地找人，如果没人在我身边，我会很不高兴，会又哭又闹。这时的我每天都缠着妈妈抱我到户外去。

这时的我视力有了较快的发展，喜欢看很多好玩的东西；我还喜欢和爸爸妈妈玩藏脸游戏；手眼协调能力也有所提高，慢慢能理解什么是远、近、高、低，对于不同方位移动的物体我会紧紧追视。

我非常喜欢爸爸给我买的电动狗熊玩具，每次看到它动来动去的，还发出好听的声音，我就会两手一起拿在眼前玩儿，用力摇晃。

3~4个月宝宝的成长树

语言
- 会用微笑沟通，会发出"啊、噢、哦"的声音

大动作
- 给宝宝盖薄被子时，宝宝双臂会上下活动
- 扶着髋部时能坐，或在俯卧位时能用两手支撑抬起胸部

精细动作
- 喂奶时，宝宝会将双手放在母亲乳房或奶瓶上
- 手能握持玩具了

人际交往
- 宝宝能自发地发出笑声，也会对大人的逗引做出反应
- 照镜子时，宝宝会注意到镜子中自己的影像，还会对着镜中的自己微笑、说话，开始对人有反应

感觉
- 宝宝能挑出自己喜欢的玩具，开始认物了

宝宝的基本生长发育

项 目	男宝宝	女宝宝
身高（厘米）	60.1~69.3	58.8~67.7
体重（千克）	5.9 ~ 9.3	5.5 ~ 8.6

妈妈育儿指南

❶ 世界卫生组织提倡 0 ~ 6 个月的宝宝尽量纯母乳喂养，6 个月以上的宝宝开始逐渐添加辅食。实际上在中国，很多地方都是 4 个月以后就开始给宝宝添加辅食。请根据宝宝的具体情况，灵活掌握添加辅食的时机、种类等，酌情添加。

❷ 适合给宝宝添加的第一口辅食是富含铁的婴儿米粉，能帮助补铁，预防缺铁性贫血。

❸ 宝宝刚添加辅食时，最好在他消化状态好、两次喂奶间的时候进行，这样更容易成功。

❹ 给宝宝选择合适的枕头，并配置睡袋。

❺ 适当带宝宝到户外活动。在使用婴儿车的时候，要注意安全。

❻ 在干燥的季节中，给宝宝涂抹婴儿专用的润唇膏，预防或缓解嘴唇干裂。

❼ 提高宝宝的抗寒能力。

❽ 让宝宝尽情地多看、多听、多摸、多运动、多闻。

❾ 宝宝已经会翻身并能够取玩具，注意别让宝宝摔伤。

❿ 谨防宝宝吞食异物。

⓫ 训练宝宝的手部运动，增强手部的灵活性。

扫码获取
* 婴儿护理
* 饮食喂养
* 科学早教
* 育儿贴士

读懂3~4个月宝宝，选择合适的玩具与游戏

认识3~4个月宝宝

开始对自己的小手感兴趣了

宝宝在成长发育的过程中，小手其实会比小嘴先"说话"。宝宝往往先认识自己的手，许多时候，宝宝会盯着自己的手看个不停。因此，手是宝宝认识世界的重要部位。

这个时期的宝宝，很喜欢在自己胸前摆弄和观看双手，对自己的双手产生了浓厚的兴趣，喜欢将两手握在一起，喜欢抓东西，抓到东西喜欢放在嘴里、放下或扔掉，喜欢将东西抓在手中敲打。

小小音乐倾听者

宝宝最喜欢听的是人的声音，尤其是妈妈的声音。此时的宝宝能倾听音乐，并且对音乐，如"催眠曲"等表现出愉快的情绪，而对激烈的声音会表现出不快。

适合3~4个月宝宝的玩具与游戏

对于这个阶段的宝宝来说，可以选择一些一捏就能发声的玩具（小球、小摇铃都可以），以及不倒翁、吸盘等玩具，宝宝会非常感兴趣的。镜子也是这个时期必不可少的玩具。每天抱着宝宝有意识地去照镜子，一直坚持到一岁，通过镜子宝宝可以认妈妈、认自己、认五官，对培养宝宝的社会性和认知能力特别有好处。准备小勺、乒乓球、小核桃等，让宝宝拿在手里体会不同质地的东西带给他的感受。买一些能发声的悬挂玩具，让宝宝用手拉拽，锻炼他的抓握能力。另外，经常让宝宝抓握吊环、响铃、响环等，也能锻炼他的臂力与抓握能力。

爸爸妈妈在日常生活中还可以通过以下方法来训练宝宝的抓握能力。

1. 妈妈将玩具拿到宝宝胸部上方，宝宝看到玩具后，双臂会活动起来，但手不一定会靠近玩具，或仅有微微的抖动；如将玩具放在桌面上，宝宝看到后，会主动挥举双臂，此时，要鼓励宝宝去抓握玩具。

2. 妈妈抱着宝宝使其靠在身前，爸爸在距离宝宝1米处用玩具逗引。先逐渐缩短距离，让宝宝慢慢接近玩具，最后让宝宝一伸手就能触碰到玩具。如果宝宝没有主动伸手接近玩具，可引导他用手去抓握、触摸和摆弄玩具。

运动能力开发

4个月的宝宝，经历从仰卧到侧卧的过程，此时，要对宝宝进行拉坐抬头等大动作能力的训练。宝宝的运动能力在这个阶段会不断提高，而且宝宝做动作的熟练度比以前高很多，还能做对称性动作。当你把宝宝抱在怀里时，宝宝的头能稳稳地直立起来。

宝宝拉坐练习

益智点

通过这个训练，宝宝的头部能慢慢伸直，躯干上方也可挺直，能锻炼颈部和背部的肌肉，提高宝宝的臂力，为宝宝用手支撑身体做准备。

游戏来了

当宝宝在仰卧位时，妈妈可握住他的手，将他缓缓拉起。

注意要点

要让宝宝自己用力，妈妈仅用很小的力气，以后逐渐减力，或只让宝宝握住妈妈的食指拉坐起来。

> 大动作能力
>
> 抓握能力

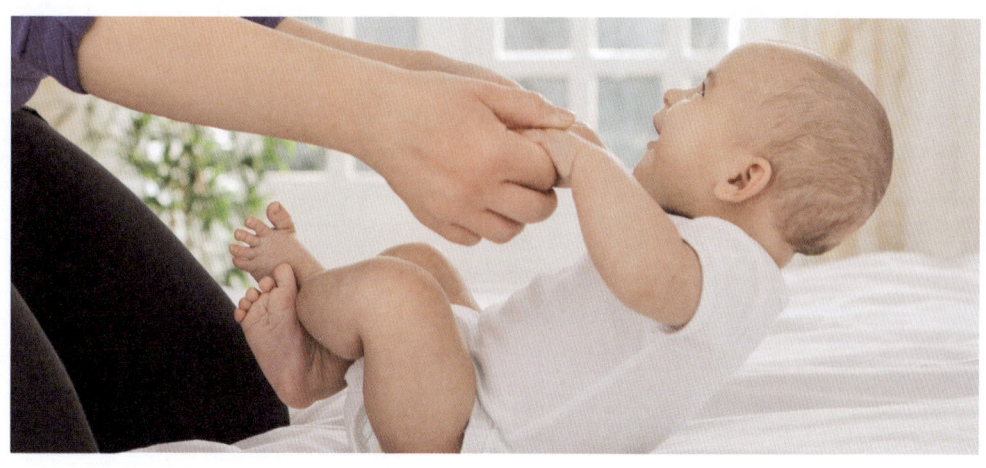

鼓励宝宝用前臂支撑

益智点

在做俯卧抬头的基础上,锻炼宝宝用手臂支撑全身的能力。

游戏来了

1. 给宝宝穿上宽松的衣服,让宝宝趴在床上,将他的两只胳膊放在胸前,做支撑状。

2. 妈妈站在宝宝面前,先呼唤宝宝或拿一个发声玩具,逗宝宝抬头,然后拿着玩具在宝宝面前晃动,引导宝宝用前臂支撑身体,有时宝宝会将胸部抬起,同时高高地抬头。

注意要点

宝宝如不能用前臂支撑,妈妈不要太着急,平时多抱抱宝宝,让其站立,多补充钙质,强硬骨骼,慢慢地,宝宝就能用前臂支撑起身体了。

大动作能力
身体协调能力

醒着的宝宝比较活泼好动,一会儿仰卧位,一会儿侧卧位,一会儿俯卧位,嘴巴也不闲着,经常把小手伸进嘴里津津有味地吸吮着。

语言能力开发

4个月宝宝的语言能力有了一定的发展,逗引时他会非常高兴,嘴里还会不断发出"咿咿呀呀"的声音,好像在跟妈妈对话。有时,宝宝会改变口腔气流以低音调的声音发出哼哼声和咆哮声。因此,爸爸妈妈一定要抓住宝宝的这一特点,开发宝宝潜在的语言能力。

穿衣歌

语言能力　运动能力
听觉能力　自我认知能力

益智点
促进宝宝语言能力发展,同时可以帮助宝宝认识自己身体的各个部位。

游戏来了
妈妈在给宝宝穿衣服时,一边穿一边念下面的儿歌,这时宝宝会把注意力集中在儿歌上,会手舞足蹈。

注意要点
念儿歌时,要面对着宝宝,并面带微笑。

> 小胳膊,穿袖子,
> 穿上衣,扣扣子。
> 小脚丫,穿裤子,
> 穿上袜子,穿鞋子。

空间感知能力开发

4个月的宝宝已经开始对物体有了整体的知觉,能把部分被遮挡的物体视为同一物体,能分辨自己所在位置的高低。

捉迷藏

益智点

培养宝宝的空间感知能力,提供正向的情绪价值,增进亲子关系。

游戏来了

妈妈盘腿坐在床上,让宝宝面对面坐在妈妈腿上,使宝宝保持平衡。爸爸躲在妈妈背后,先从一侧伸出手,让宝宝一只手抓住爸爸的手指,另一只手抓住妈妈的胳膊。

爸爸摇晃被宝宝抓住的手指,吸引宝宝的注意力,再从妈妈背后的另一侧突然伸出头来叫宝宝的名字。然后,爸爸再换方位出现在宝宝面前。

注意要点

通过这个游戏,训练宝宝对人或物体的整体方位感,帮助理解人或物体的立体外形,发展立体空间感知能力。

空间感知能力

人际交往能力

人际交往能力开发

4个月的宝宝能认识身边的亲人，会注视陌生人，但不会做出亲热的表情。

亲近动物

益智点

培养宝宝与动物相处的能力，使宝宝形成与动物之间的默契，有助于开发宝宝的人际交往能力。

游戏来了

当宝宝与一只狗足够熟悉时，如果宝宝从外面刚回到家，狗就兴奋地向其跑过来，这时宝宝就能理解，狗是在欢迎他回家。

注意要点

在训练过程中，要注意宝宝的安全，不要让动物伤害到宝宝。

爸爸妈妈看过来

无论是家里养的小宠物（小鸡或者鱼）还是大宠物（猫或者狗），都可以为宝宝提供与动物相处的经验。如果宝宝与动物足够熟悉，宝宝可能会与动物形成默契。

`人际交往能力`
`理解能力`

自我认知能力开发

宝宝长到4个月时开始有自己的个性，有脾气，有能力，能吸引人们关心他，并要求人们关心他。他已经不再是过去任由大人安排、躺在被子里的婴儿了，他会表达自己的需要了。此时，爸爸妈妈应给予宝宝更多的关心和照顾，给他足够的注意力。

大鼻子小鼻子顶鼻子

- 自我认知能力
- 听觉能力
- 人际交往能力

益智点

让宝宝认识自己的鼻子，提高自我认知能力，同时增进亲子间的关系。

游戏来了

1. 妈妈抱着宝宝，面对宝宝，问："宝宝的鼻子呢？"然后，用手轻轻抚摸宝宝的鼻子，说："宝宝的鼻子在这儿呢！"
2. 等宝宝感觉到妈妈的触摸后，妈妈再问："妈妈的鼻子呢？"拿起宝宝的小手，触摸妈妈的鼻子，并和宝宝说："妈妈的鼻子在这儿呢！"
3. 妈妈靠近宝宝，与宝宝的鼻子轻轻触碰，同时要轻柔地说："顶鼻子咯！"

注意要点

根据宝宝的实际情况，妈妈可以对游戏进行适当的扩展，比如，也可以和宝宝一起找耳朵。还可以试着让爸爸与宝宝一起玩这个游戏，让宝宝体验不同的感受。

爸爸妈妈看过来

宝宝非常喜欢做动作重复性高的游戏。虽然这种游戏看起来很简单、很幼稚，却能促进宝宝智力的快速发展，因此不可小看。

自然认知能力开发

此时，宝宝各种心理特点都有了长足的进步，对周围环境的好奇心也越来越强，喜欢到户外活动，观察户外的各种景物。

奇妙的世界

益智点

提高宝宝的视觉、听觉能力，培养宝宝对自然界的好奇心，提升自然认知能力。

游戏来了

选择一个好天气，抱宝宝到户外散步，让宝宝看看热闹的人群、来往的车辆，听听各种声音……不断地为宝宝解说，如"宝宝听，丁零零，这是自行车""宝宝看，小汽车来了"。带宝宝到公园玩，让宝宝看看红花、绿叶，听听小鸟的叫声。

注意要点

爸爸妈妈要经常带宝宝到户外活动，让宝宝接触外部环境，能提升宝宝对外部世界的注意力和观察力，丰富宝宝的自然世界，激发宝宝对外界的好奇心与探索精神。

- 自然认知能力
- 视觉能力
- 听觉能力

视觉能力开发

4个月的宝宝视觉有了一定发展,对颜色开始产生分辨能力了,对红色最为敏感,其次,是黄色。宝宝也具备了一定的辨别方向的能力,听到声音后,头能顺着响声转动。这时,一定要做好宝宝的视觉训练和培养。

奇妙的电视

益智点

刺激宝宝的视觉,延长宝宝对事物注视的时间,训练宝宝的专注力。

游戏来了

妈妈把宝宝抱到电视前,让宝宝看1~2分钟电视,同时用简单的语言对宝宝解释电视画面中的内容。比如,"宝宝看,电视上有小猫"。

关掉电视后,妈妈可以这样对宝宝说:"电视可好看了,有宝宝喜欢的小汽车、小猴子、大老虎……宝宝以后可以定时少量看电视……"

注意要点

宝宝离电视的距离不能太近,看电视的时间不能太长,否则,对宝宝的视力发育不利。

人际交往能力

理解能力

爸爸妈妈看过来

对于宝宝来说,虽然还不能理解电视内容,但是,电视中丰富多彩、个性十足的形象极易吸引宝宝的注意力。可以有选择地让宝宝看一些电视节目,里面的内容会让宝宝集中注意力,这对锻炼宝宝的专注力非常有好处。

颜色碰撞真好玩

益智点

增强宝宝眼球的跟踪能力,有利于宝宝把声音和图像联系起来。

游戏来了

1. 把几个颜色鲜艳的小球放入塑料瓶中,盖上盖子。
2. 倾斜或翻转小瓶,带动瓶子里的小球相互碰撞发出声音。
3. 引导宝宝观察小球是怎样运动的。

注意要点

游戏时要注意安全,谨防宝宝吞食小球。

爸爸妈妈看过来

宝宝很喜欢鲜艳的颜色,看到瓶子里的颜色互相交替碰撞,还能发出声音,他会很兴奋,会积极地参与到游戏中。

专家点拨

训练宝宝眼球随物品移动的能力,对以后阅读有很大帮助。一是能进一步帮助宝宝提高专注力,二是为以后逐行阅读和提高阅读效率创造条件。

眼球跟踪能力

认知能力

模仿创新能力开发

宝宝的模仿能力是与生俱来的。千万不要把宝宝当成什么也不懂的婴儿。宝宝的本领总是出乎父母的意料,这时候,父母要做的是鼓励其发展。

小宝宝捡扣扣

益智点

通过训练,锻炼宝宝的观察能力、模仿能力等。

游戏来了

家长抱宝宝坐在桌子前,在宝宝小手可以拿到的距离放扣子,观察宝宝是否可以看到扣子的存在。家长用手拾起扣子,再放下,此时,宝宝会模仿家长捡起扣子。扣子数量可增加,尺寸也可由大到小。

注意要点

不要让宝宝把扣子放到嘴里。

- 模仿能力
- 观察能力
- 抓握能力
- 触觉能力

见此图标 微信扫码 | 手把手教你养育健康聪明好宝宝

3～4个月宝宝智能水平小测试

1. 追视滚轴
   A. 从桌子一头看到另一头　　　B. 追视到桌子中央
   C. 不追着看

2. 在白纸上放1粒红色小丸
   A. 立即发现　　　B. 大人用手指着才能看到
   C. 未看到

3. 听舒缓的音乐
   A. 微笑入睡　　　B. 微笑　　　C. 无表情

4. 认人
   A. 对爸爸、妈妈及照料人皆投怀　　　B. 对爸爸、妈妈均投怀
   C. 对陌生人注视，无亲热表情

5. 吊球
   A. 会用手拍击横吊在胸前的小球　　　B. 试击不中　　　C. 只看不动手

6. 模仿大人唇形发出音节，如"ba、ma、jie、ge、gu"等
   A. 3个　　　B. 2个　　　C. 1个

7. 大人蒙脸玩藏猫猫时
   A. 笑且动手拉布　　　B. 笑但不动手　　　C. 无表情

8. 晚上睡眠延长
   A. 晚上能连续睡 5 ~ 6 小时，白天觉醒时间增加
   B. 晚上能连续睡 4 小时　　　　　C. 晚上连续睡 3 小时

9. 用勺子喂
   A. 张口舔食　　　B. 噘嘴吸吮

10. 俯卧时
    A. 用手撑胸　　　B. 用肘撑胸　　　C. 只能抬头

11. 仰卧抬腿踢上方吊球时
    A. 踢打吊球　　　B. 会踢但不中　　　C. 不能活动

12. 仰卧，大人说"坐起"
    A. 双手拉坐时头伸直　　　B. 拉坐时头向前倾　　　C. 拉坐时头向后仰

结果分析

题号	得分		
	A	B	C
1	10	5	0
2	10	8	3
3	10	8	2
4	12	8	5
5	10	8	4
6	15	10	5
7	6	3	0
8	8	6	4
9	4	0	
10	10	8	6
11	10	8	
12	10	8	4

70 分以下

宝宝的智能发展未达到理想的水平，妈妈要多加训练。

70 ~ 110 分

宝宝的智能发展尚可，达到平均水平，若要提升宝宝的智能，妈妈要多加训练。

110 分以上

宝宝的智能发展非常棒，继续努力吧！

备注：本书中的智能测试评分方法仅供参考。测试的结果因人而异，若宝宝达不到平均水平，可重复测试，让宝宝多练习，相信能做得到。

第 5 章

4~5个月
喜欢蹦跳运动的宝宝

5个月的我能认识物品了，喜欢玩各种游戏，已经具备了初步的逻辑思维能力。对于我喜欢的东西，我总是注视很久。此时，爸爸妈妈可以教我认物了，如"叶子""小鸟"等。

此时的我，学会了很多本事。会自己180°大翻身；爸爸妈妈抱着我到户外时，我开始害怕陌生人了，总是喜欢躲藏在妈妈温暖的怀中；仰卧时，我不但会自己把脚举到眼睛看得到的地方，还会把脚当作玩具，用手放到嘴里啃咬。爸爸妈妈经常用手扶着我的腋下，让我在他们的膝盖上蹦跳，我可喜欢这个运动了。

4～5个月宝宝的成长树

语言
- 当宝宝看到熟悉的食物时,能发出"咿咿呀呀"的声音,还会对自己或玩具"说话"

大动作
- 宝宝被人从腋窝抱住时,会站立,而且身体会上下蹿动,两脚还会做轮流踏步的动作

精细动作
- 宝宝常用大拇指与食指抓物,手掌能稍微翻转
- 宝宝看到小物体或小玩具时,会将它拿起来放到嘴里

自然认知
- 宝宝能区分陌生人和熟人了

模仿创新能力
- 宝宝会模仿别人的表情,模仿时会皱起眉头,对着人脸微笑

🏷 宝宝的基本生长发育

项　目	男宝宝	女宝宝
身高（厘米）	62.1～71.5	60.8～69.8
体重（千克）	6.4～10.0	5.9～9.2

🏷 妈妈育儿指南

❶ 帮助宝宝接受新的食物，添加辅食如蛋黄、米粉、水果泥、菜汁等，要及时为宝宝添加富含钙、磷及各种维生素的食物。

❷ 每天给宝宝做按摩、被动操。

❸ 多抱宝宝起来玩，每天扶坐、扶站、扶蹦，引导宝宝抓悬吊着的玩具。

❹ 正确处理宝宝喉咙中的痰。

❺ 加强看护，避免宝宝掉到地上。

❻ 注意照顾夜里啼哭的宝宝。

❼ 别让宝宝触摸危险物品，避免宝宝吞入异物。

❽ 清洁宝宝的耳朵要细心。

❾ 给宝宝洗澡时，避免其烫伤或滑倒。

❿ 多刺激宝宝的手指，促进其脑部发育。

⓫ 宝宝多活动身体，能增强其肢体平衡能力，发展前庭系统，更能让他在活动中接触周围的环境，从而促进脑部发育。

扫码获取
* 婴儿护理
* 饮食喂养
* 科学早教
* 育儿贴士

读懂 4～5 个月宝宝，选择合适的玩具与游戏

■ 认识 4～5 个月宝宝

宝宝语言的形成是一个极其复杂的过程，需要经过一段相当漫长的时间，才能渐渐地成熟起来。通常，宝宝从不会说话到会说话要经历三个阶段，即学会发音—理解语言—表达语言。5 个月大的宝宝正处在发音的初级阶段。这时，宝宝明显变得活跃起来，发音明显增多，除了发出声母和韵母外，还会说重复的连续音节，如"ma-ma-ma""ba-ba-ba""da-da-da"等。

宝宝现在会发的音虽然没有实质性意义，但这些音却为以后正式说出词和理解词打下基础。这时宝宝对自己发出的声音很感兴趣，常常会不厌其烦地反复出声。在大人的引逗下，宝宝甚至会发出尖叫声。

■ 适合 4～5 个月宝宝的玩具与游戏

4～5 个月宝宝的感知能力进一步加强，双手功能有了提高，手里拿到东西就会抓住不放，躺在床上已"不老实"，自己会翻身，听到大人讲话，会发出"嗯""啊"的声音，开始认生。此时，要选择有利于发展宝宝感知能力的玩具，如可用松紧带拴在床沿的玩具小动物、机械或电动玩具等；有利于锻炼宝宝手的抓握能力的玩具，容易清洗、消毒、宝宝又能捏响的塑料动物、橡胶娃娃等；有利于发展宝宝身体动作（如翻身、俯卧、抬头、支撑胸部等）的玩具，如吹塑玩具、发响玩具等。必须注意的是，选择的抓握玩具大小要合适，长 6 厘米，宽 4 厘米的玩具比较合适。玩具太大，宝宝抓不住、捏不响；玩具太小，宝宝易放入口中或误吞。

爸爸妈妈要根据宝宝这个阶段的发展特点，充分利用以上玩具，与宝宝一起快乐地玩游戏，比如，用枕头或毯子垫在宝宝身后，使他变成侧躺姿势，并在他的眼前拿玩具引导，看他是否会为了拿玩具而主动翻身。

运动能力开发

5个月的宝宝,做各种动作时较以前熟练了,而且俯卧时,能把肩夹成90°角。宝宝拿东西时,拇指较以前灵活多了,可以攥住小东西。

靠坐训练

益智点

锻炼宝宝背部脊柱支撑能力,为独坐做准备。

游戏来了

让宝宝靠着枕头、小被子、垫子等软的东西半坐起来。宝宝很喜欢靠坐,因为靠坐着比躺着看得远,双手还可以同时摆弄玩具。

注意要点

宝宝可能会因为用腿蹬踢,导致身体下滑而躺下,或者重心向左右偏移,身体倒向一侧。因此宝宝靠坐时,妈妈应在旁边照料,不宜离开。

大动作能力
身体协调能力

语言能力开发

5个月大的宝宝正处在发音的早期阶段，这时，宝宝明显变得活跃起来，发音明显增多。

学认台灯

益智点

让宝宝听懂物品的名称，并能将声音与物品相联系，这是他以后学习语言的基础。

游戏来了

1. 妈妈抱着宝宝坐在桌子旁，用手拧开台灯。
2. 妈妈可不停开关台灯，让它一会儿亮，一会儿灭，来吸引宝宝的注意。
3. 等宝宝的目光注视台灯时，妈妈要说"台灯"，并拿着宝宝的手指向台灯，即使宝宝没有反应，妈妈也要不停地重复。
4. 让台灯亮着，妈妈抱着宝宝离开桌旁，当宝宝的视线离开台灯时，妈妈再说"台灯"，看宝宝是否回头看台灯。认识台灯后，再进行吊灯和台灯的区分学习。

语言能力

视觉记忆能力

注意要点

有的宝宝喜欢看会动的汽车，有的宝宝喜欢看猫猫，妈妈应该注意到宝宝这方面的兴趣，从而用他喜欢的物体作为其去认的第一种东西，让宝宝学会认识它。

数学逻辑能力开发

大和小是很重要的数学概念,宝宝开始可能很难理解它们。可先让宝宝认识"大",引入"大"的概念,再提及"小"的概念。并做两个物体的比较。

大苹果和小苹果

益智点

训练宝宝对大小的感知。

游戏来了

1. 准备一大一小两个苹果和大小两个罐子(形状和颜色大致相同,大小差别要明显)。和宝宝面对面坐在地板上,苹果摆在宝宝面前。

2. 妈妈对宝宝说:"这是大苹果,那是小苹果。宝宝摸摸苹果。"

3. 拿出大小不同的两个罐子,依照上面的方法让宝宝摸一摸。引导宝宝将两个苹果分别放在两个罐子里。

4. 通过语言的重复来强化概念,如"这是大大的苹果,那是大大的罐子""把大苹果放在大罐子里"。

注意要点

爸爸妈妈可以用盒子或碗替换罐子,但不能用盘子等扁平器皿。宝宝放错大小苹果时,器皿本身利于他发现错误。

数学逻辑能力

理解能力

空间感知能力开发

宝宝到了 5 个月大时,妈妈要继续创造条件,培养宝宝的空间感知能力。

抓小球

空间感知能力

手眼协调能力

大动作能力

益智点

培养宝宝的空间感知能力,同时提高宝宝的视觉能力与抓握能力。

游戏来了

抱着宝宝坐在床上,把一个小球递给宝宝,让宝宝伸手抓住。当宝宝看着小手中的球时,妈妈轻轻用手指把球捅落到床上。捡起小球,再次放到宝宝手中,再用手指把球捅落到床上。

注意要点

在游戏中,宝宝看到自己手中的球掉落,会追视球掉落的路线。可以提高宝宝的手眼协调能力,更重要的是,可以增强宝宝的空间感知能力,帮助宝宝明白事物的位置变化。

见此图标 微信扫码 手把手教你养育健康聪明好宝宝

人际交往能力开发

5个月的宝宝在社交能力和情绪表达上已经有了很大的发展。在看到熟悉的人或事物时,宝宝能发出"咿咿呀呀"的声音,好像在对人说话。爸爸妈妈要提升宝宝的社交能力,使宝宝保持良好情绪,促进宝宝愉快地成长。

藏猫猫

益智点

让宝宝练习此游戏,能够增强宝宝的人际交往能力,同时也会让宝宝感到很快乐。

人际交往能力
反应能力
记忆能力

游戏来了

1. 拿一条手帕或一件干净的衣服,妈妈先把自己的脸盖住,让宝宝掀开。
2. 妈妈替宝宝把脸盖住,让宝宝自己拉开。
3. 让宝宝自己藏进手帕或衣服里,由妈妈将覆盖物拉开。
4. 让宝宝主动盖住自己,等妈妈来时,自己拉开逗人笑,让他自己操作全过程。

注意要点

5个多月的宝宝大多数能做到第2步,即让妈妈盖住自己,然后自己拉开同妈妈玩,个别宝宝能自己藏起来让大人寻找。

自我认知能力开发

这个时期，宝宝从感觉上将自己与外界分开，加上在镜中已认识自己的样子，在自己玩耍时听到自己的声音，慢慢开始认识自我。

区分"我"与外界

自我认知能力
感觉能力

益智点

通过反复实践，宝宝渐渐能区分自我与外界。

游戏来了

1. 让宝宝的一只小手握住自己的另一只手，他会感到有挤压感；让宝宝抓握他喜欢的玩具，他不会有挤压感。宝宝会觉得非常有趣，这时他会反复地抓握自己的手，再去抓一个玩具；摸摸自己的手，又去摸摸玩具，发现感觉不同。

2. 让宝宝拍一拍自己的小手，再拍一拍玩具。他会有截然不同的感觉，前者小手会感到疼痛，后者不会。

注意要点

如果宝宝没有按照家长的引导去做，说明他还没有意识到游戏的趣味，家长可以给他反复示范，让他学做，慢慢地他就能体验到其中的趣味了。

爸爸妈妈看过来

宝宝经常会咬妈妈的乳头导致妈妈感到疼痛，但吮吸自己的手指时很少会伤到自己，因为手指感到挤压时，宝宝自然会松口，不会使劲咬。

专家点拨

随着月龄的增长，宝宝的身体处处都能有体感，他会逐渐开始认识自我。探索是区分自我与外界的基础，通常宝宝是从区分自我与外界开始认识自我的，宝宝会通过抓取的感觉去区别自身与外界。宝宝喜欢咬东西、咬自己，是在通过这种方式来确认"自我"。

感觉能力开发

5个月宝宝的感觉发展最快,一饿就开始哭。当宝宝的耳朵捕捉到妈妈的声音时,宝宝会停止哭泣或哭得稍微小点声儿。平时,爸爸妈妈要多让宝宝学抓或摸各式各样的物品,来培养宝宝的触觉。

点名游戏开始了

益智点

让宝宝明白不同的声音代表不同的人,也让他将对自己名字的呼唤和自己联系起来。

听觉能力
反应能力
辨识能力

游戏来了

1. 5个月大的宝宝一般都有小名了,没有的可适当地起一个。
2. 爸爸妈妈在生活中尽量多呼唤宝宝的小名,让他通过听觉,将大人的呼唤和自己联系起来。
3. 宝宝习惯后,每次听到呼唤会有所反应,如回头或抬眼看看,或动一动小手等。当然,这并不一定意味着宝宝能理解其中的含义。

注意要点

如果宝宝没有反应,需要在不同的场合反复练习,经常唤他的小名,他就会将名字和自己联系起来了。

当当
果果
壮壮
硕硕
甜甜
丫丫
小龙

第5章 4~5个月 喜欢蹦跳运动的宝宝

挠挠手脚心

益智点

能提高宝宝的触觉反应能力，促进宝宝触觉的发展。

游戏来了

1. 将宝宝放在床上平躺，脱掉宝宝的鞋袜。

2. 妈妈将手洗干净，拉着宝宝的小手，用食指和中指在宝宝的手心里轻轻划动，给宝宝制造一种瘙痒感，宝宝会摇着小手躲开或攥住小手。

3. 也可以用一块小黄瓜片或其他比较凉爽的东西代替手指，来丰富宝宝的触觉。

4. 用同样的方法来刺激宝宝的脚心。妈妈可在做游戏时，哼唱一些儿歌，如"小手心，大指头，划过来，划过去"等。

注意要点

中医认为，手脚心通心，对宝宝的手脚心做适量的按摩有利于血液循环和气机运行。因此，爸爸妈妈可经常给宝宝按摩手脚心。

触觉能力

4～5个月宝宝智能水平小测试

1. 听到物名时
   A. 眼睛找到目标　　B. 眼看大人的手　　C. 不追着看　　D. 乱看

2. 听到金属着地的声音
   A. 用目光看地面寻找　　　　B. 眼睛乱找　　　　C. 没反应

3. 够吊球
   A. 单手够取　　B. 双手抱取　　C. 击中但够不着　　D. 不够取

4. 仰卧时自由抬腿
   A. 手能抓足　　B. 手够不着足　　C. 不抬腿

5. 能发出双音节"baba""mama""dada"等
   A. 3个　　　　B. 2个　　　　C. 1个

6. 玩藏猫猫时
   A. 自己蒙脸逗大人笑　　　　B. 大人蒙脸，宝宝会拉开脸上物品，并会笑
   C. 不会拉开，自己也不蒙脸，很少笑

7. 吃奶时
   A. 双手抱奶瓶或乳房　　　　　B. 不动手

8. 吃奶时
   A. 自己将奶嘴放入口中，或者自己寻找乳头
   B. 大人将奶嘴或乳头放入口中

9. 翻身
   A. 从俯卧翻到仰卧或从仰卧翻到俯卧能翻 180°
   B. 从侧卧转俯卧或仰卧翻 90°

10. 挟腋蹦跳
    A. 双腿能短时伸直负重　　　　B. 双腿屈曲不能伸直负重

11. 靠垫扶坐
    A. 头能伸直　　B. 头向前倾　　C. 头向后仰

12. 仰卧拉坐时
    A. 双腿伸直能站起来　　B. 头向前倾只能坐起　　C. 头后仰靠人拉起

题号	得分			
	A	B	C	D
1	10	8	6	2
2	10	8	2	
3	10	8	6	0
4	10	8	4	
5	15	10	5	
6	12	10	4	
7	4	0		
8	4	2		
9	10	5		
10	10	4		
11	10	8	6	
12	10	6	2	

结果分析

70 分以下

宝宝的智能发展未达到理想的水平，妈妈要多加训练。

70～110 分

宝宝的智能发展尚可，达到平均水平，若要提升宝宝的智能，妈妈要多加训练。

110 分以上

宝宝的智能发展非常棒，继续努力吧！

备注：本书中的智能测试评分方法仅供参考。测试的结果因人而异，若宝宝达不到平均水平，可重复测试，让宝宝多练习，相信能做得到。

第 6 章
5～6个月
宝宝坐着用手指物

我已经是半岁的宝宝了，这时候我身心的成长发育已经有了很大的变化。爸爸妈妈和我说话时，我会咿咿呀呀地回答，还知道了说"妈妈"时对着妈妈，说"爸爸"时看着爸爸。

此外，我会用手指物了，也能把东西拿稳了。大小便前我会有明显的动作表示，如翻身、滚动、发冷、打战等，爸爸妈妈都说我比以前懂事，也容易照料。同时我也爱交际了，每次爸爸妈妈把我带出去，我总是东瞅瞅西看看，觉得什么都好玩。

5～6个月宝宝的成长树

数学逻辑
- 在宝宝面前摆放三块积木,当他拿到第一块后,开始伸手想拿第二块,并注视着第三块

大动作
- 宝宝平躺时能熟练地从仰卧位翻滚成俯卧位
- 扶着腰部让宝宝站立,他能上下蹦跳

精细动作
- 宝宝会自己拿饼干
- 将宝宝的衣服盖在他的脸上,他会自己用手将衣服拿开

人际交往
- 当大人给宝宝洗脸时,如果他不愿意,他会将大人的手推开

自我认知
- 当两手轮流握物时,能觉察到自己身体的不同部分,并知道自身与外界的不同
- 听到自己的名字会有所反应,会转过头来

■ 宝宝的基本生长发育

项　目	男宝宝	女宝宝
身高（厘米）	63.7～73.3	62.3～71.5
体重（千克）	6.7～10.5	6.3~9.7

■ 妈妈育儿指南

❶ 可给宝宝添加的辅食有：肉泥、豆腐、动物血、菜泥和水果泥等。

❷ 宝宝出牙数在0～2颗，开始给宝宝使用牙胶，以促进其牙齿的生长。

❸ 用小匙给宝宝喂食物。

❹ 让宝宝保持舒服的睡眠姿势。

❺ 多陪宝宝玩。

❻ 帮助宝宝坐起来，并帮他翻身打滚，同时教他用双手堆积木。

❼ 教宝宝指认物品和身体的五官部位。

❽ 培养宝宝的味觉和嗅觉。

❾ 扶着宝宝，帮助其多做跳跃运动。

❿ 注意宝宝的口腔卫生，妈妈可以用套在手指上的软毛牙刷（不用牙膏）帮他清洁口腔。

⓫ 在清洁宝宝的五官时，要细心。

⓬ 宝宝如夜间啼哭，应及时找出原因。

⓭ 宝宝如有斜颈，要及早治疗。

⓮ 注意观察宝宝有无胆道闭锁。

⓯ 多跟宝宝说话，"交谈"能提高宝宝的发音能力。

❋ 婴儿护理
❋ 饮食喂养
❋ 科学早教
❋ 育儿贴士

扫码获取

读懂 5～6 个月宝宝，选择合适的玩具与游戏

■ 认识 5～6 个月宝宝

宝宝个性的形成

现在的宝宝，有了自己独立的意识，开始认识到自己与妈妈是不同的个体，知道自己对周围的人和物会产生影响，甚至知道自己的名字了。于是，随着记忆力和意识的发展，宝宝的个性也在不断地发展。平时爸爸妈妈要对宝宝进行一些必要的训练，让宝宝形成健康的人格与良好的行为习惯。

多姿多彩的语言

6 个月大的宝宝会发出"da-da、ma-ma"的音节，但这时还没有所指。宝宝还能无意识地发出"b、p、m"等双唇音，还会模仿咳嗽声、舌头咔嗒声或咂嘴声等。爸爸妈妈要利用这个时机，多训练宝宝说话。

■ 适合 6 个月宝宝的玩具与游戏

宝宝到了 6 个月时，适合他的玩具会比原来更丰富一些，除了以前的那些塑料玩具、镜子、拉环、摇铃继续可以给他玩以外，也可以买一些拨浪鼓、八音盒、风铃来训练宝宝的握持能力。还可以买一些用来发展宝宝触觉的玩具，如按摩球。另外，还可以添加一些积木块、沙滩块，宝宝会主动伸手去拿。

6 个月的宝宝对很多周围的事情都很感兴趣，尤其一些能够运动的物体对他更有吸引力。因此，除了彩色的球，还可以给他看一些会走会蹦跳的小青蛙或毛毛虫之类的玩具。不倒翁与吸盘玩具也是这个时期的宝宝比较喜欢玩的。

运动能力开发

宝宝长到6个月,试着站立时,腿部已经能支撑住身体的大部分重量。这时,可以让宝宝练习跳跃,以锻炼宝宝下肢的肌肉力量,为以后爬行、站立、行走做准备。从现在开始,对宝宝进行直立跳跃能力的训练吧。

蹦蹦跳跳的小青蛙

爬行能力
身体协调能力

益智点

宝宝看到玩具会努力向前爬,去够玩具,有助于宝宝学会爬行。

游戏来了

1. 准备一个会爬行的青蛙玩具。
2. 让宝宝趴在床上,将青蛙放在距离宝宝1米远的地方,让青蛙"呱呱"叫着动起来,宝宝会非常高兴地看着玩具,还会努力向前爬行,去够玩具。
3. 让宝宝坐在床上,如果宝宝坐不稳,可倚靠枕头或其他东西。
4. 将青蛙放在距离宝宝1米远的地方,宝宝可能会由坐位向前倾斜变成俯卧位,企图去够玩具。这样能促进宝宝运动能力的提高。

注意要点

给宝宝玩具前,要先检查玩具是否有破损,因为掉下的碎片可能会被宝宝误食,也可能划伤宝宝的皮肤。此外,还要检查是否有易脱落的螺丝或其他部件,也要注意玩具的清洁。

语言能力开发

6个月的宝宝正处在语言能力发展的第二个阶段,也是连续发音的阶段,这时候宝宝的语言特点是重复语句。宝宝已经有记忆力了,爸爸妈妈可以多用短句,说话时要让宝宝看到你的嘴形,以提高宝宝的模仿能力,提高宝宝语言学习的速度。

给宝宝读儿歌

益智点

妈妈通过给宝宝读儿歌,帮助宝宝感受声音,增强理解能力,提高语言能力。

游戏来了

结合相关动作给宝宝读下面的儿歌:
一张脸(妈妈扶着宝宝的小手抚摸宝宝的小脸蛋);
两只眼(抚摸宝宝的眼睛);
一个鼻子(抚摸宝宝的鼻子);
一张嘴(抚摸宝宝的小嘴)。

注意要点

这时候,宝宝虽然还不能理解爸爸妈妈说的话,但经常这样做,也相当于和宝宝说话,能刺激宝宝的语言中枢,让宝宝的语言感觉更发达。所以,爸爸妈妈应坚持给宝宝读儿歌,初步给宝宝建立一个良好的语言环境。

语言记忆能力

理解能力

小老鼠上灯台

益 智 点

感受儿歌的节奏,增加对语意的理解。

游 戏 来 了

1. 给宝宝看小老鼠的卡片,或者拿小老鼠玩具和宝宝一起玩。并告诉宝宝:"这是小老鼠,小老鼠最喜欢偷油吃了,小老鼠最怕大花猫。"

2. 给宝宝绘声绘色地表演儿歌,念到"叽里咕噜滚下来"时,可以让小老鼠玩具做滚动的动作,帮助宝宝理解语言的意思。

注 意 要 点

3岁前的宝宝对韵律节奏有着本能的感触,但语言能力相对弱一些。对宝宝来说,儿歌是比较容易接受的语言形式,能锻炼宝宝的语言能力。所以,妈妈要多给宝宝念儿歌。

语言能力

理解能力

爸爸妈妈看过来

妈妈还可以一边念儿歌,一边随着儿歌带宝宝做相应动作。

妈妈抱着宝宝,小兔小兔跳跳,小鱼小鱼游游,小鸭小鸭摇摇,小猫小猫喵喵。

小老鼠,上灯台,偷油吃,下不来,喵喵喵,猫来了,叽里咕噜滚下来。

数学逻辑能力开发

宝宝已经初步具备了认识大小的能力，但是，他还不能熟练地把"大"和"小"的概念与"大""小"两个事物具体地对应起来。

小兔子，吃萝卜

益智点

训练宝宝最初的数学概念。

数学逻辑能力

听觉能力

语言能力

游戏来了

准备两个不同大小的小兔子玩具，再在纸板上画上两根萝卜，一根大的，一根小的。

分别在宝宝面前举起两只小兔子，告诉宝宝："两只小兔子要来吃萝卜喽。"拿起纸板，给宝宝看萝卜，问宝宝："宝宝看，哪个萝卜大，哪个萝卜小啊？"为宝宝指出大萝卜和小萝卜，帮助宝宝理解"大"和"小"的含义。

和宝宝一起把大萝卜放在大兔子一边，小萝卜放在小兔子一边。

注意要点

当比较聪明的宝宝看见妈妈把大萝卜放在小兔子旁边时，会回头看妈妈，表示异议。这个游戏可以帮助宝宝发展初步的数学意识。如果父母经常给宝宝示范，他就会一边学说一边学做，同时促进其语言能力的发展，一举两得。

空间感知能力开发

宝宝到了6个月大时,妈妈放纸飞机时,宝宝会追随飞机飞行的路线。爸爸妈妈要多与宝宝做类似的游戏,强化宝宝这方面的能力。

儿歌操

空间感知能力

大动作能力

益智点

让宝宝通过儿歌理解长短、感知方向,从而锻炼数学能力和空间感知能力;儿歌配合动作,提高宝宝大动作能力、语言理解能力等。

游戏来了

宝宝躺在床上,妈妈面对宝宝拉住宝宝的小手,一边念儿歌一边做动作:"谁的尾巴长,谁的尾巴短,谁的尾巴打开像把扇。"拉着小手分别向身体两侧打开,再合拢在宝宝身前,两手相对,从身前经过头顶做环绕后双手分开在身体两侧。妈妈再念儿歌:"猴子尾巴长,兔子尾巴短,孔雀尾巴打开像把扇。"重复上面的动作。

注意要点

如果宝宝分不清声音的发出方向,仍然将头转向妈妈,妈妈就指着爸爸,告诉宝宝"鸭子在那儿呢,在宝宝的左边哦"。爸爸也可以跟宝宝说:"宝宝看左边,鸭子在宝宝的左边。"

自我认知能力开发

宝宝会用不同的方式来表达自己的情绪，如哭和笑分别表示厌烦和喜悦。宝宝的自我认知能力已经有了很大的发展。

认知身体部位

自我认知能力
听觉能力
理解能力

益智点

让宝宝认识自己的身体部位，锻炼宝宝的自我认知。

游戏来了

爸爸妈妈要教宝宝认识身体的各个部位，教宝宝指出身体上的部位，告诉他："这是手，这是耳朵……"这样反复教几次后再问他："宝宝的小手在哪里？"让宝宝自己指出来。

注意要点

如果宝宝一时指认不出自己的身体部位，爸爸妈妈也不要心急，只要多加练习就可以。

一双眼睛看世界，一对耳朵听声音，小鼻子，闻香味，一张小嘴叫妈妈。

记名字

益智点

让宝宝知道自己的名字，提高自我认知能力。

游戏来了

爸爸妈妈应该告诉宝宝："亮亮（或妞妞、小满等）是你的名字，这是在叫你啊！"再叫宝宝的名字，如果他有反应就鼓励他，抱抱他或亲亲他，这样反复几次，宝宝就能听懂他的名字了。

注意要点

6个月的宝宝大都能够知道自己的名字，如果叫他没有反应，就需要多加练习。

- 自我认知能力
- 听觉能力
- 理解能力

见此图标 微信扫码
手把手教你养育健康聪明好宝宝

第6章 5~6个月 宝宝坐着用手指物

自然认知能力开发

6个月的宝宝变得越来越好动，对这个世界充满了好奇。对于这个时期的宝宝来说，单纯看已经不是目的了，他要在看的过程中获得认识事物的能力。

带宝宝欣赏大自然

益智点

宝宝身体位移能力的发展，能扩大宝宝的探索范围，提供认识周围世界的机会，同时满足宝宝的好奇心。

游戏来了

爸爸妈妈要带着宝宝去闻青草的芬芳，观看五彩缤纷的花草，倾听知了的鸣叫，让宝宝更好地感知周围的世界。

- 自然认知能力
- 探索能力

看，多么可爱的小鸟，头上还戴着红色的小花呢！

宝宝看，这是绿色带刺的仙人掌，可不要随便摸哦！

宝宝，这是向日葵，它会向着太阳转哦！

感觉能力开发

宝宝在 6 个月时,各种感触、智能都得到了全面的开发。这时,在爸爸妈妈的引导下,宝宝能够独立坐着,并能接近、触摸自己感兴趣的东西,甚至能放到嘴里品尝了。

听听是什么声音

听觉能力

自我认知能力

益智点

训练宝宝辨别声音的能力与寻找声源的能力。

游戏来了

爸爸在远处或在另一个房间叫宝宝,或学鸟叫、猫咪叫,或敲响什么东西,让宝宝寻找。

妈妈可以在宝宝身边问宝宝:"谁在叫宝宝啊?小鸟在哪儿叫?猫咪在哪儿叫?"看宝宝是否会向声源的地方注视。

注意要点

可以反复练习这个游戏,强化宝宝辨别声音的能力与寻找声源的能力。要尽可能地把声源拉远,方位不断变换,声音强弱也要有所变化,更好地提高宝宝的声音分辨能力。

模仿创新能力开发

事实上，不管多大的宝宝，都具有一定的模仿与创新能力，爸爸妈妈最好从现在就开始培养宝宝的模仿创新能力。

宝宝敲响鼓

益智点

通过让宝宝敲击，锻炼宝宝手部的运动能力，培养宝宝的手眼协调能力。

游戏来了

让宝宝坐在妈妈身上，在前面放一个小平鼓，给宝宝一根鼓棒，妈妈拿一根鼓棒，和宝宝一起敲击。宝宝不会时，妈妈可先示范，并握住宝宝的手去敲，慢慢地，宝宝就会模仿。

妈妈边敲边要语言跟进，让宝宝理解"敲"的动作。

注意要点

1. 可以让宝宝敲小玩具琴。
2. 5～6个月的宝宝一开始只会单手敲击。

- 模仿能力
- 观察能力
- 手眼协调能力
- 语言理解能力

5～6个月宝宝智能水平小测试

1. 听到大人说几种物体名时
   A. 能用手指2种物体的方向　　B. 能用眼看2种物体的方向
   C. 眼看1种　　D. 不看

2. 握物体
   A. 两手分别各拿1个物体
   B. 用拇指与食指、中指、无名指和小指相对握住物体
   C. 5个手指同方向大抓握

3. 传手
   A. 握物时能传手　　B. 扔掉手中之物再取一物

4. 仰卧时
   A. 手抓到脚，将脚趾放入口中啃咬　　B. 手在体侧抓到脚
   C. 手抓不到脚

5. 发双音节，如"mama、baba、nana、dada"等，能理解其意义，但不会去称呼
   A. 3个　　B. 2个　　C. 1个

6. 大人念儿歌时
   A. 会做一种动作　　B. 只笑不动　　C. 不笑也不会做动作

7. 照镜子时笑，同自己说话，用手摸自己，同家长碰头，宝宝会
   A. 4种　　B. 3种　　C. 2种　　D. 1种

8. 遇到陌生人

　　A. 将身体躲在妈妈怀中　　　　B. 注视　　　　C. 完全不躲陌生人

9. 吃固体食物

　　A. 自己拿着吃,并咀嚼　　　　B. 含着慢慢下咽　　　　C. 不吃硬食物

10. 大小便前

　　A. 出声表示　　B. 用动作表示　　C. 不表示

11. 俯卧托胸

　　A. 头、躯干、下肢完全持平　　　B. 下肢、膝盖屈曲　　　C. 下肢下垂

12. 俯卧时上身抬起腹部贴床

　　A. 在床上打转 30°　　B. 打转 180°　　C. 打转 90°　　D. 完全不转

结果分析

题号	得分			
	A	B	C	D
1	16	10	5	0
2	10	5	3	
3	10	6		
4	10	8	2	
5	10	7	5	
6	10	5	0	
7	15	12	6	3
8	8	6	2	
9	8	4	0	
10	8	6	2	
11	10	8	2	
12	6	4	2	0

70 分以下

宝宝的智能发展未达到理想的水平,妈妈要多加训练。

70～110 分

宝宝的智能发展尚可,达到平均水平,若要提升宝宝的智能,妈妈要多加训练。

110 分以上

宝宝的智能发展非常棒,继续努力吧。

备注:本书中的智能测试评分方法仅供参考。测试的结果因人而异,若宝宝达不到平均水平,可重复测试,让宝宝多练习,相信能做得到。

第 7 章

6~7个月
怕生的全能宝宝

　　我已经是 7 个月大的宝宝了，四肢的力量明显增强，运动能力发生了惊人的变化，我能坐起和躺下，如果爸爸妈妈扶着，我还可以站起来。

　　爸爸妈妈对我表示赞扬还是批评，我都能听懂，也能用手势表示我的需求；能认识 2~3 种食物，而且学习认识新事物也逐渐快起来，能跟着爸爸妈妈哼唱的儿歌节奏做动作，有一定的数学概念，能分辨出自己的声音，并能改变声调了。

　　这时候，我成了一个怕生的宝宝，一见到陌生人或陌生的事物就会赶紧藏在爸爸妈妈的背后。

6~7个月宝宝的成长树

语言
- 宝宝能发"baba""mama"等双音节，但无意识

精细动作
- 能将玩具从一只手换入另一只手
- 能自由弯曲手指做出抓的动作，还能用拇指和其他手指一起对捏小物件

大动作
- 宝宝会连续翻滚了，坐的时候也坐得比较稳当了，能独坐很久
- 被拉着站起时，腿会保持直立，能站立片刻

人际交往
- 照镜子时，会对镜中的自己微笑、亲吻或拍打等

模仿
- 能模仿爸爸妈妈发出双音节

认知
- 宝宝能听懂自己的名字
- 宝宝拿到东西后，会翻来覆去地看看、摸摸、摇摇，表现出积极的感知倾向
- 懂得了"不可以"的含义，还学会了招手表示再见

宝宝的基本生长发育

项　目	男宝宝	女宝宝
身高（厘米）	65.0～74.8	63.6～73.1
体重（千克）	7.0～10.9	6.6～10.1

妈妈育儿指南

❶ 宝宝的饮食应遵循膳食合理搭配的原则，可以给宝宝添加饼干和肉末等。

❷ 在喝奶和吃饭后，给宝宝喝几口白开水，能保护乳牙的健康发育。

❸ 宝宝会发双音节词了，如爸爸、妈妈等。

❹ 教宝宝学着自己拿勺子、用杯子喝水等。

❺ 训练宝宝的手部精细动作和大动作能力。

❻ 帮助宝宝学习匍匐爬行，能促进其智能的发展。

❼ 培养宝宝养成良好的睡眠习惯。

❽ 鼓励宝宝的模仿行为。

❾ 教宝宝拍手点头、认物、找物。

❿ 每天坚持帮助宝宝做被动体操，还要训练宝宝翻身、坐稳等，帮助宝宝平衡身体。

⓫ 帮助宝宝学会适应人多的环境。

扫码获取
* 婴儿护理
* 饮食喂养
* 科学早教
* 育儿贴士

读懂 6 ~ 7 个月宝宝，选择合适的玩具与游戏

■ 认识 6 ~ 7 个月宝宝

宝宝的视野开阔了

随着宝宝坐、爬动作的发展，他的视野大大开阔了。宝宝能灵活地转动上半身，上下左右地环视，寻找环境中一切让他感兴趣的事物。

给宝宝读书

宝宝偏爱"读书"活动，生来就有好奇心和探索欲，对外界信息接收很快。在所有外界的信息中，爸爸妈妈的声音对他们来说是最美的声音。宝宝对图形和颜色的认知很早，从小就喜欢看色彩艳丽、图形鲜明、情节生动的图书，更喜欢爸爸妈妈将图书的内容讲给他听。

宝宝的语言能力特点与训练

这个时期的宝宝，经常会主动与人搭话，爸爸妈妈和亲朋好友要尽量创造条件和宝宝交流对话，为宝宝创造良好的语言发展环境。随着语言能力的发展，宝宝的交往能力也会提高。

■ 适合 6 ~ 7 个月宝宝的玩具与游戏

7 个月的宝宝小手灵活性更强了，甚至这时候最喜欢干的事情就是用食指去抠玩具小动物的眼。很多 7 个月的宝宝可以坐得很稳，并且能够把食指逐渐分化出来了，要给宝宝添置一些可以用手指拨弄并且产生声响的玩具。这时候的宝宝非常喜欢四壁有不同小窟窿的玩具，爸爸妈妈可以用剪刀做一些不同的有小窟窿的玩具。需要注意的是，小窟窿不要小于 1 厘米，否则宝宝的手指容易卡在里面；小窟窿的周围要平滑，不要带刺。

运动能力开发

7个月的宝宝能在床上独坐10分钟且无须用手支撑身体。这时宝宝已基本学会爬了,平衡能力也越来越强,逐渐可以从趴着转变成坐姿了。六七个月是宝宝学爬的关键期,爬行不仅可以促进宝宝的大脑发育,还可以锻炼宝宝四肢的灵活性,因此,爸爸妈妈要帮助他完成爬行动作。

爬行大练习

益智点

为宝宝创设各种条件,锻炼宝宝的爬行能力。

游戏来了

在锻炼宝宝学习爬行时,要开辟出一块场地,可以在硬板床上,也可以在地板的地毯上。移去周围可能阻挡的东西,放任宝宝在上面自由地"摸爬滚打"。

在练习爬行的过程中,让宝宝的腹部着地,能训练宝宝的触觉。触觉不好的宝宝容易怕生、黏人。一旦宝宝能让腹部离开床面靠手和膝盖来爬行,就可以在他前方放一只滚动的皮球,让他朝着皮球慢慢地爬去,慢慢地,他会爬得很熟练。

爬行能力

触觉能力

注意要点

有的宝宝爬行起来比较困难,可以让他从学趴开始,在爸爸妈妈的帮助下学习爬行。其实,刚开始学爬的宝宝都有匍匐前进或倒着爬的现象,这是一个学爬的过程,爸爸妈妈要有一定的耐心,多费点工夫来教导。

语言能力开发

宝宝7个月大时,能发出"da、ma"等双唇音,也能发出咳嗽声或咂舌声,对熟人发出声音的力量和兴奋程度与陌生人相比有明显的区别。

小宝宝,坐墙头

益智点

通过反复演练有助于宝宝体力的发育并增强其语言的记忆力和理解能力。

游戏来了

1. 妈妈坐在地板上,将宝宝放在屈起的膝盖上。
2. 告诉宝宝:"我们开始唱歌啦!小宝宝,坐在墙头,笑呀笑呀笑笑笑。小宝宝,掉下墙头,哭啊哭啊哭哭哭。"
3. 随着儿歌的节奏抬起脚尖,让宝宝有一种被弹起的感觉,当唱到"小宝宝掉下墙头"时,伸直腿让他也"掉下来"。让宝宝感觉到"掉"的感觉和"掉"这个词的联系,加深其记忆。

注意要点

动作幅度要适当,如踮脚或让宝宝"掉下来"要轻柔缓慢,不要伤到宝宝。

表达能力

理解能力

丁零零，电话来了

语言理解能力
听觉能力
触觉能力

益智点

调动宝宝说话的热情。

游戏来了

1. 让宝宝靠坐在床上，妈妈坐在对面。妈妈扮演两个角色，演示妈妈和宝宝的对话。

2. 妈妈拿起玩具电话，对着电话说："喂，宝宝在家吗？"然后帮助宝宝拿起电话，说："丁零零，来电话了，宝宝来接电话了！"

3. 妈妈在"电话"中要尽量强调宝宝对生活中常用词的理解和认识，如"饿了""高兴""漂亮"等。

注意要点

妈妈用打电话的形式能激起宝宝对语言的兴趣，帮助他认识一种与人交流的新形式，提升其人际交往的能力。

两个小娃娃呀，正在打电话呀，
喂、喂、喂，你在哪里呀？（妈妈问）
哎、哎、哎，我在幼儿园。（妈妈代宝宝回答）

数学逻辑能力开发

宝宝7个月大时,会辨别新鲜事物和非新鲜事物,这能使宝宝灵活应用观察力和探索能力。新鲜、好玩的东西容易引起宝宝的注意,但是,他对一件事物的新鲜度并不持久。当宝宝看腻一样东西时,可观察出宝宝对外界事物有明显的分辨能力,这是培养宝宝数理能力的基础。

认识"1"

语言理解能力
听觉能力
触觉能力

益智点

建立宝宝对数的概念。

游戏来了

1. 准备水果、饼干、糖果若干,字卡"1"。
2. 妈妈拿出1块饼干或糖果,竖起食指告诉宝宝:"这是'1'。"
3. 让宝宝模仿这个动作,再把食物给宝宝,并再次竖起食指表示"1"。
4. 同时,出示字卡,让宝宝认识"1"。

拿起糖块时,妈妈要竖起食指告诉宝宝"这是'1'"。

注意要点

妈妈应引导和启发宝宝接近数字。有的宝宝对汽车感兴趣,有的对笔感兴趣,妈妈可根据他的喜好引导其反复认识"1"。要反复、准确地发出数字"1"的读音,将声音和形状相结合,加深宝宝对数字的印象。

汽车快，宝宝慢

益智点

培养宝宝的初步对比能力。

对比能力
追视能力
理解能力

游戏来了

妈妈在客厅里发动电动小汽车，让小汽车跑起来，然后引导宝宝追视；妈妈也可以抱着宝宝追小汽车，并对宝宝说："汽车比宝宝跑得快，宝宝比汽车跑得慢哦。"反复做几次，让宝宝逐渐明白快和慢的概念。

注意要点

妈妈也可以带宝宝上街，当看到汽车从身边开过时，妈妈假装抱着宝宝追两步，然后对宝宝说："汽车比宝宝跑得快哦，宝宝追不上汽车。"

> **爸爸妈妈看过来**
>
> 随着宝宝视力的发育，宝宝已经逐渐学会追视不同速度的物体，并通过自己的感受来区分物体移动速度的快慢。通过以上类似的游戏，宝宝会逐渐提高对比能力，增强逻辑思维能力。

空间感知能力开发

7个月的宝宝，会有意识地寻找丢失的玩具，对物体恒存概念有一定的理解。

小车藏起来喽

空间感知能力
理解能力
模仿能力

益智点

训练宝宝的空间感知能力，以及对物体恒存概念的理解。

游戏来了

妈妈把一大张纸卷成纸筒，在宝宝面前把玩具车由纸筒一端推入，并对宝宝说："小车去哪儿了？小车藏起来喽！"这时，宝宝想找出被藏起来的小车，妈妈再慢慢把纸筒倾斜，让小车滑下来，让宝宝看到。

注意要点

开始可以先由妈妈做示范，等宝宝熟悉游戏后，再让宝宝自己操作。

爸爸妈妈看过来

宝宝在游戏中发现自己的玩具不见了，会做出寻找的反应，这表示他对周围的事物有反应。上述游戏能锻炼宝宝的空间感知能力，逐渐提升空间智慧。

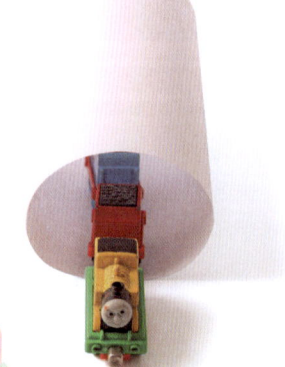

见此图标 微信扫码 手把手教你养育健康聪明好宝宝

人际交往能力开发

7个月大的宝宝在与人交往方面，有明显的"怕生"表现，对一些陌生的人或事物都会表现得很恐惧。实际上，这是宝宝认知能力的一个进步，爸爸妈妈要多训练宝宝的社交能力。

克服"怕生"

人际交往能力
自立能力

益智点

帮助宝宝克服怕生情绪，促进人际交往能力发展。

游戏来了

如果家里来了与宝宝不熟悉的客人，不要将宝宝立刻介绍给客人，也不要让客人马上去抱他，不然会带给宝宝心理上的压力和不安感，宝宝会因为紧张和惧怕而哭闹。可以把宝宝抱在怀里，大人先交谈，让宝宝有观察和熟悉的时间，慢慢消除恐惧心理。这时，宝宝就会高兴地和客人亲近。

注意要点

如果宝宝出现了又哭又闹的行为，就要立即抱他远离客人，过一会儿再让宝宝接近客人。

爸爸妈妈看过来

1. 宝宝除了怕陌生人，还会对新环境感到惧怕。这时，爸爸妈妈要注意，不要让宝宝独自一人处在新环境里，要陪伴他，直到他熟悉后再离开，让他对新环境有一个适应和习惯的过程。

2. 平时，爸爸妈妈要多带宝宝出去接触外界，多和陌生人交往，经常给宝宝摆弄新奇的玩具，能减轻他怕生的程度，并缩短他怕生的时间。

感觉能力开发

此时，宝宝视觉发育的范围会越来越广，听觉也会越来越灵敏，这时爸爸妈妈务必做好视听觉能力的训练。

形状各异的积木

图形识别能力
颜色识别能力
分析判断能力

益智点

训练宝宝的图形与颜色认知能力。

游戏来了

妈妈把形状各异、颜色鲜艳的积木放在宝宝面前。宝宝看到积木后会用手抓握、倒手或对敲。妈妈在旁边指导宝宝，告诉宝宝拿起的积木是什么颜色、什么形状。通过分析手中积木的形状，找积木形状轮上的洞穴的形状，一一对应放进去。

注意要点

用图形代替语言来训练宝宝的形象思维，是非常好的方法。对孩子讲解问题时，要多利用图形来讲述，易于理解。宝宝从 4 个月起，就逐步有了色彩和立体感意识，通过上面的游戏，能促进宝宝对各种形状和颜色的认知。

6~7个月宝宝智能水平小测试

1. 拿走正在玩的玩具时
   A. 尖叫乱动表示反抗　　　　　B. 啼哭反抗　　　　C. 觉察不到

2. 听到大人说物体名时，会用手指或用眼看物体的方向
   A. 4种　　　　B. 3种　　　　C. 2种　　　　D. 1种

3. 是否可两手各握一物
   A. 两手各握一物对敲　　　　　B. 会用两手各握一物
   C. 双手抱紧一物，放手后掉下　　D. 不握物

4. 拨弄小球
   A. 一把抓住　　B. 用手拨弄　　C. 只看不摸

5. 听懂大人说"不可以"时
   A. 停止原来的动作　　　　B. 笑仍继续干　　　　C. 没有反应

6. 会用手势表示语言，如"再见""谢谢""点头""摆手"等
   A. 3种　　　　B. 2种　　　　C. 1种　　　　D. 不会

7. 听懂大人夸奖和责骂是通过
   A. 语言　　　　B. 表情　　　　C. 语言加上表情　　　　D. 不懂

8. 看见离开7~10天的熟人
   A. 再见时表示亲热投怀　　　　B. 对人笑
   C. 手脚舞动　　　　　　　　　D. 注视

9. 喝水
    A. 自己双手捧杯喝水　　　　　　B. 完全由大人拿杯才能喝水
    C. 只会用奶瓶不会用杯子

10. 大小便前
    A. 有声音表示　　B. 能用动作表示　　C. 由大人定时提醒，自己不表示

11. 翻滚
    A. 连续翻身 360°　　　　　　　　B. 能翻 360° 1 次
    C. 翻身 180°　　　　　　　　　　D. 翻身 90°

12. 坐稳
    A. 双手自由活动　　B. 双手在前面支撑　　C. 身体靠前倾斜倒下　　D. 靠左

题号	得分			
	A	B	C	D
1	10	8	0	
2	16	12	8	4
3	10	8	6	0
4	12	10	2	
5	10	6	2	
6	15	10	5	0
7	8	6	4	0
8	8	6	4	2
9	6	4	2	
10	10	8	4	
11	10	8	4	0
12	12	10	8	4

结果分析

70 分以下
宝宝的智能发展未达到理想的水平，妈妈要多加训练。

70～110 分
宝宝的智能发展尚可，达到平均水平，若要提升宝宝的智能，妈妈要多加训练。

110 分以上
宝宝的智能发展非常棒，继续努力吧。

备注：本书中的智能测试评分方法仅供参考。测试的结果因人而异，若宝宝达不到平均水平，可重复测试，让宝宝多练习，相信能做得到。

第 8 章

7~8个月
在爬行中长智慧

8个月大的我，穿衣服时会把手举起来，洗手时会把手伸出来，还会做再见与握手的动作，并开始认识自己的小手了。

这个时期，我最主要的运动就是练习爬行。爬行对我的身心健康非常有益，是预防成长期感觉综合失调的重要方法。感觉综合能力是大脑的高级功能，是思维、语言、推理等发展的基础，也是智慧活动得以充分实现的基础。爬行锻炼也对控制眼、手、脚的协调性有益，能促进我平衡能力和触觉能力的发展。

7~8个月宝宝的成长树

大动作
- 宝宝开始爬行,有的时候还能扶着物体站起来
- 宝宝可以自己坐起来,头还是向前倾,但可以用手臂支撑

语言
- 能自然地发出各种声音

精细动作
- 宝宝喜欢用食指抠洞或按遥控器、手机
- 宝宝能自如地伸手拿玩具,也开始学捡玩具

人际交往
- 逐渐学会辨识他人的情绪
- 大人手拿着洋娃娃逗引宝宝,宝宝会追逐洋娃娃
- 开始有怯生感,怕和爸爸妈妈分开
- 能听懂、理解大人的话和面部表情

数学逻辑
- 妈妈将玩具用布盖住大半部分,宝宝能找得到

宝宝的基本生长发育

项 目	男宝宝	女宝宝
身高（厘米）	66.3 ~ 76.3	64.8 ~ 74.7
体重（千克）	7.2 ~ 11.3	6.8 ~ 10.5

妈妈育儿指南

1. 辅食添加要多样化，并逐渐增加饮食，预防宝宝消化不良。
2. 进餐时，让宝宝坐在固定的餐位，并使用固定的餐具。
3. 宝宝发热时，要多给宝宝喝水，少吃高蛋白食品。
4. 给宝宝添加能用舌头碾碎的食物。
5. 可以给宝宝适当吃点零食，如自制红薯干等。
6. 训练宝宝爬行及站立，但注意不要让宝宝站立太久，以防影响宝宝肢体协调能力的健康发展。
7. 要丰富宝宝的语言能力，通过游戏练习宝宝对语言的理解能力，并且创造一些稍微复杂的游戏，引导宝宝思考。
8. 晚上宝宝睡觉时，尽量不开灯。
9. 夏季要保持室内空气凉爽、新鲜。
10. 鼓励宝宝发音，提高其对语言的理解能力。
11. 培养宝宝的阅读能力。
12. 陪着宝宝玩捉迷藏的游戏。

扫码获取
* 婴儿护理
* 饮食喂养
* 科学早教
* 育儿贴士

读懂7~8个月宝宝，选择合适的玩具与游戏

认识7~8个月宝宝

此时，宝宝的学习能力与模仿能力特别强，比如，喂饭时妈妈说："啊，张嘴。"反复几次，宝宝就会发出"啊"的声音并张开小嘴。妈妈上班时和他说"Bye Bye"，不久他也会发出"拜拜"声和你呼应。在这一阶段，爸爸妈妈要有意识地教宝宝发音，指着爸爸或妈妈教他发出"爸爸、妈妈"的声音。除了发音，宝宝还在学习理解语言的内涵。比如，喂水前可以说："宝宝渴了，要喝水吗？杯子在哪里？"当引导他找到杯子后，倒上凉白开，在喂他喝时还要告诉他："这是凉白开，宝宝会用杯子喝水，真乖！"

宝宝的动作能力特点

8个月的宝宝会爬，会坐起、躺下，扶着他的手会站，部分宝宝会自己扶物站起。手的精细动作也灵活了许多，他会撕纸放到嘴里，会用手指捏起大米花放到嘴里，会把玩具在两手之间倒来倒去，东西掉在地上会低头去找。手的灵巧还表现在他会用手持物去敲击其他物体，会用手做出各种肢体语言，比如，挠痒痒、虫虫飞等。

适合7~8个月宝宝的玩具与游戏

这时候需要开始训练宝宝手指的灵活性，可以通过捡不同的豆豆（如花生米、绿豆、大豆等）来练习。可以先从捡花生米开始，起初宝宝会先用手指拨弄花生米，经过一段时间的摸索后，逐渐学会用手指捏取。这个时候的宝宝拿起什么东西都会放到嘴里，所以要特别注意。可以把面包、香蕉、饼干切成小粒，来代替其他豆豆，既可以吃又可以玩。

此外，这个时期对宝宝注意力与情绪的培养也不容忽视。爸爸妈妈可以给宝宝播放一些儿童乐曲，来提高宝宝对音乐歌曲的理解能力。通过听觉训练，促进听觉功能的发展，帮助其感知周围事物。

运动能力开发

8个月的宝宝需要继续学习爬行。此时，宝宝在精细动作方面有了长足的进步。他坐在桌上，妈妈将爆米花等食物放在桌上，他能用拇指和食指或食指以外的其他手指捏起爆米花。给宝宝一手握一块积木，再递第三块，宝宝有取第三块的意思但并不一定取得到。爸爸妈妈要继续培养宝宝这方面的能力。

宝宝过隧道

益智点

锻炼宝宝的爬行能力。

游戏来了

1. 用枕头、毯子、被子等东西在大床上设计一个有障碍的小通道。在宝宝慢慢爬行时，这些障碍物能帮助他协调平衡能力，锻炼爬行技巧。

2. 爸爸妈妈用玩具或语言逗引宝宝爬过这个通道。这时的宝宝四肢协调性比较好，有的宝宝甚至能四肢立起来手膝爬了，头颈抬起，胸腹部离开床面，可在床上爬来爬去，翻过枕头和被子等障碍物。

注意要点

当宝宝爬过这个通道时，爸爸妈妈要用语言鼓励、指导宝宝，跟宝宝对话，如"宝宝加油，快到小山了，加油爬过去哦""宝宝小心点，用手抓住被子"等。

- 爬行能力
- 运动协调能力
- 反应能力

语言能力开发

8个月的宝宝能听懂妈妈的简单语言,能把语言和物品联系起来。妈妈可以教宝宝认识更多的事物。妈妈想让宝宝认识一样东西,可以先让他摸摸看看,吃的东西可以先让他尝尝,先让他理解,然后反复告诉他这个东西的名称。

看图说故事

语言能力
视觉能力
认知能力

益智点

用重复的字和色彩鲜明的图片刺激宝宝的语言理解能力,并培养宝宝对图书的兴趣。

游戏来了

1. 妈妈可以选一些构图简单、色彩鲜艳、故事情节单一的图画书给宝宝念,当他看不同的图画时,妈妈要念出物品、动物的名称,如"这是西瓜""这是香蕉"等。

2. 如果宝宝偶尔指着书上的某一幅画,一定要告诉他图画上物品的名称。

注意要点

给宝宝看图讲故事,也是训练宝宝开口说话的好时机。不过,现在的图书、图片在宝宝的眼里也仅仅是一种玩具,所以妈妈要和宝宝一起看,让宝宝慢慢亲近图书,培养阅读兴趣,为今后看图说话打下基础。

西瓜 xī guā watermelon

帮助宝宝清热解暑

草莓 cǎo méi strawberry

含有较丰富的维生素C,能预防宝宝牙龈出血

抓起放下

语言理解能力

抓握能力

模仿能力

益智点

培养宝宝手的灵活性、拿取物体的准确性，以及语言理解能力。

游戏来了

妈妈递给宝宝一个小手容易抓放的物体。妈妈示范"抓起""放下"，语言和动作要配合，让宝宝跟着模仿。

注意要点

不要让宝宝把东西放到嘴里，吃的东西可以例外，但要注意安全。

爸爸妈妈看过来

宝宝刚开始只是无意识地抓取、放下东西，大人要想让宝宝注意到这两个动作，就要不断地做出惊奇开心的表情，这样宝宝才会探索你为什么会高兴，从而慢慢注意到自己的这两个动作。

专家点拨

快乐是游戏的第一要务。不要让宝宝为了学习而游戏，更不要强迫他玩不喜欢的游戏。玩耍要自然，只要快乐就好。宝宝成功时要多鼓励，失败时要为他多创造练习的机会，不应操之过急。

数学逻辑能力开发

8个月的宝宝能理解大小的概念,能够在爸爸妈妈引导下处理简单问题。

取纸包里的玩具

分析推理能力

动手能力

益智点

训练宝宝的分析推理能力,增强逻辑思维力。

游戏来了

在宝宝面前把一个玩具用纸包起来,再把纸包放到宝宝手中。开始时,宝宝会把纸包撕破,拿出玩具。

爸爸妈妈再用另一张纸把玩具包起来,并当着宝宝的面把纸包打开,取出玩具。反复包好打开几次后,让宝宝知道不用撕纸,只要把纸包打开就能拿到玩具。

注意要点

当宝宝学会打开纸包并拿出玩具时,爸爸妈妈应该及时表扬宝宝。

专家点拨

这个游戏是让宝宝边动手边思考,最后把纸包打开取出玩具,不仅锻炼了宝宝手部的灵活性,更重要的是锻炼了他对问题的分析推理能力。

人际交往能力开发

8个月的宝宝对陌生的成年人普遍有怯生的现象,但他们比较容易接受同龄的陌生小伙伴。因此,爸爸妈妈应有意识地让宝宝与同龄的孩子多接触,训练宝宝与同伴的相处能力,积累交往经验。

宝宝交朋友

人际交往能力

自立能力

益智点

培养宝宝的社会交往能力,减轻怯生程度。

游戏来了

和小伙伴刚见面时,爸爸妈妈要鼓励宝宝与小伙伴互相握手,熟悉一下。让宝宝对小伙伴点点头或拍拍手表示欢迎。引导宝宝和小伙伴交换玩具,并让他们点头表示谢意。让宝宝与小伙伴在地毯上互相嬉戏,一起游戏。小伙伴要走了,让宝宝挥手表示再见。

注意要点

如果宝宝与小伙伴玩耍时遇到了困难,妈妈不要马上出手相助,应当鼓励宝宝自己克服困难,渐渐养成宝宝自己解决问题的好习惯。

自然认知能力开发

8个月的宝宝对周围的一切充满好奇,所以爸爸妈妈要尽量多创造条件,满足宝宝的好奇心。

认识小金鱼

自然感知能力
触觉能力
理解能力

益智点

帮助宝宝感受生命,提高自然感知能力。

游戏来了

把宝宝抱到鱼缸前,告诉宝宝,这是鱼缸。指着里面正在游动的金鱼告诉宝宝,鱼缸里有金鱼在游泳。拿起宝宝的小手,让宝宝触摸鱼缸,并转到金鱼停留的位置,让宝宝轻拍鱼缸,然后告诉他:"宝宝看,金鱼被宝宝吓跑了。"

注意要点

鱼缸是帮助宝宝认识自然的一种途径。通过游戏,宝宝可以感受到动物与植物之间的区别。

见此图标 微信扫码 | 手把手教你养育健康聪明好宝宝

感觉能力开发

8个月的宝宝除了睡觉外,最常出现的行为就是一会儿注视这个物体,一会儿又注视那个物体。宝宝对单词和短语非常感兴趣,日渐变得通达人情。慢慢地,你叫他的名字他就会反应过来。此时,宝宝会遵照你的要求和吩咐去做一些事情了。

风铃轻轻响

听觉能力

视觉能力

益智点

帮助宝宝辨别不同的声音。

游戏来了

在宝宝的房间里挂一个风铃。在风吹动风铃或者妈妈拨弄时,风铃就会发出好听的声音。这时宝宝就会专注地寻找目标,妈妈也要帮助他找到发声的风铃。慢慢地,宝宝一听到风铃声就会主动寻找风铃。

注意要点

1. 宝宝会被风铃的声音吸引,学会去寻找发声的物体,并会记住一些不同的物件可以发出不同的声音。

2. 这个游戏还可以扩展,比如,带着宝宝去公园听听鸟叫声或去街上听听汽车的喇叭声等,但注意不要让宝宝听分贝太大的声音,以免损伤宝宝的听觉。

模仿创新能力开发

8个月的宝宝能够专注于自己喜欢的游戏或者玩具,会简单模仿。

宝宝自己玩耍

`独立思考能力` `自立能力`

益智点

培养宝宝独立思考的能力,享受独自玩耍的乐趣。

游戏来了

为宝宝准备一些小玩具、小物品,如小碗、木槌、塑料杯子、汤匙等,让他摸摸、敲敲,甚至放在嘴里尝尝。

也可以拿些干净、柔软的纸让宝宝撕着玩,宝宝只要拿到纸就会撕得粉碎,玩得十分开心。

注意要点

给宝宝的东西要检查是否有安全隐患,以防伤到宝宝。

7~8个月宝宝智能水平小测试

1. 学认第一个身体部位，如手、耳、鼻或其他部位。在听到如手等的部位时，
   A. 听声会伸手去摸　　　B. 听声有动作表示，如挤眼、纵鼻、噘嘴等
   C. 眼看　　　　　　　　D. 不动

2. 寻找藏起来的玩具
   A. 能找到盖住大半露出一点的玩具　　B. 能找到露出一半的玩具
   C. 能找到露出大半的玩具　　　　　　D. 能找到眼看但手不去拿

3. 按吩咐把玩具给爸爸、妈妈和奶奶
   A. 3人　　　　　B. 2人　　　　　C. 1人　　　　　D. 不会

4. 用食指抠洞、转盘、按键、探入瓶中取物
   A. 4种　　　　　B. 3种　　　　　C. 2种　　　　　D. 1种

5. 弄响玩具的方式
   A. 捏响　　　　　B. 摇响　　　　　C. 踢响　　　　　D. 弄不响

6. 做动作表示语言"再见""谢谢""您好"等
   A. 3种　　　　　B. 2种　　　　　C. 1种　　　　　D. 不会

7. 明白大人的表情
   A. 高兴、悲伤、发怒3种　　　　B. 高兴、悲伤2种　　　　C. 不会

8. 看到亲人
   A. 张开双手要人抱　　　　　B. 大声呼叫
   C. 手脚乱动着急　　　　　　D. 无表示

9. 大小便前
   A. 出声表示　　　　　B. 动作表示　　　　　C. 不表示

10. 站起
    A. 自己扶物站起　　　　B. 叫唤让人帮助站起　　　　C. 不站起

11. 手腹匍行
    A. 用手巾吊起腹部可用手膝爬行　　B. 手腹向后匍行
    C. 打转不匍行

12. 俯卧时
    A. 自己坐起来　　B. 扶物翻至仰卧再扶物坐起　　C. 要大人扶着坐起来

题号	得分			
	A	B	C	D
1	12	10	6	0
2	8	6	4	2
3	15	10	5	0
4	12	10	8	4
5	8	5	3	0
6	10	7	5	0
7	10	8	2	
8	5	4	3	0
9	10	8	0	
10	10	8	0	
11	12	10	4	
12	10	8	6	

结果分析

70分以下

宝宝的智能发展未达到理想的水平，妈妈要多加训练。

70~110分

宝宝的智能发展尚可，达到平均水平，若要提升宝宝的智能，妈妈要多加训练。

110分以上

宝宝的智能发展非常棒，继续努力吧。

备注：本书中的智能测试评分方法仅供参考。测试的结果因人而异，若宝宝达不到平均水平，可重复测试，让宝宝多练习，相信能做得到。

第 9 章
8～9个月
宝宝第一次喊妈妈

　　9个月的我生活已经很规律了，每天会定时大小便。我能把感知的物体和动作、语言联系起来，比如，妈妈指着我的鼻子说："你的鼻子呢？"我就会摸摸自己的小鼻子。

　　我拿东西的方式也有所改变了，主要用拇指、食指和中指把东西拿稳，我拿到什么都喜欢放在嘴里咬，我想知道这东西能不能吃、好不好吃。

　　总之，9个月的我不但动作能力发展得很好，而且认知能力发展得更快，好像对身边的事物都更了解一些了。

8~9个月宝宝的成长树

语言
- 9个月的宝宝知道自己的名字,叫他名字时他会答应,能懂"平台"等复杂词语

大动作
- 宝宝开始用膝盖爬行,动作比较流畅
- 宝宝能扶着物体站起来,站起来还会自己蹲下,少数宝宝会扶着家具或侧墙走动

精细动作
- 宝宝能拿着奶瓶喝奶,奶瓶掉了也会自己捡起来

自然认知
- 宝宝会指身体各个部位了
- 给宝宝不喜欢的东西,他会摇摇头,玩得高兴时,他会咯咯地笑,表现得非常欢快活泼

人际交往
- 当大人玩捉迷藏游戏时,宝宝会主动参与

宝宝的基本生长发育

项目	男宝宝	女宝宝
身高（厘米）	67.6 ~ 77.8	66.1 ~ 76.2
体重（千克）	7.5 ~ 11.6	7.0 ~ 10.9

妈妈育儿指南

❶ 多给宝宝吃富含铁的食物，预防患缺铁性贫血。
❷ 给宝宝穿方便活动的衣服。
❸ 利用一切合适的机会发展宝宝听懂语言的能力，如可以让他看电视，也可以通过儿歌让他边听边模仿，促进他语言、逻辑思维以及听力等多方面的发育。
❹ 多带宝宝进行户外活动，培养宝宝欣赏大自然的兴趣。
❺ 让宝宝充分爬行，促进感觉综合能力协调发展。
❻ 对宝宝的语言、动作进步予以表扬。
❼ 训练宝宝的生活自理能力。
❽ 训练宝宝拇指与食指对捏的动作。
❾ 训练宝宝用杯子喝水。
❿ 训练宝宝爬行和站立，如扶栏站立、扶走，促进感觉统一协调发展。
⓫ 多定期检查宝宝的童车等用品的安全，注意日常用品的安全和卫生。

❋ 婴儿护理
❋ 饮食喂养
❋ 科学早教
❋ 育儿贴士

扫码获取

读懂 8～9 个月宝宝，选择合适的玩具与游戏

📒 认识 8～9 个月宝宝

8～9 个月的宝宝知道自己的名字，叫他名字时他会答应，如果他想拿某种东西，家长严厉地说："不能动！"他会立即缩回手来，停止行动。这表明，宝宝已经开始懂得简单的语意了。这时，大人和他说再见，他也会向你摆摆手；给他不喜欢的东西，他会摇摇头；玩得高兴时，他会咯咯地笑，并且手舞足蹈，表现得非常欢快活泼。

此时，宝宝能够感觉到妈妈的情绪。随着运动能力的增长，宝宝的活动范围也大了，带着强烈的好奇心到处活动，但对妈妈有强烈的依赖心理，发生任何使他害怕和不安的事，只要回到妈妈身边就能让他安心。

宝宝的动作能力特点及训练

此时，宝宝不仅会独坐，而且能从座位躺下，能扶着床栏杆站立，并能由立位坐下，俯卧时用手和膝趴着挺起身来；会拍手，也会用手挑选自己喜欢的玩具玩，但常常咬玩具；会独自吃饼干。妈妈可以有意识地继续强化宝宝的动作能力。

📒 适合 8～9 个月宝宝的玩具与游戏

如果这个时候的宝宝还没有积木，可以给他买形状不同、颜色各异的小积木块，直径 3 厘米左右，锻炼他摆弄积木的能力。

爸爸妈妈要多带宝宝做户外活动，多到亲戚朋友家去串串门，参加亲子班的活动等。爸爸妈妈要多和宝宝做游戏，躺在床上或地上让他在你身上爬来爬去；和宝宝一起藏猫猫等。这些都有助于缓解宝宝怕生的现象。

需要注意的是，随着宝宝动作能力的加强，危险也增加了。爸爸妈妈一定要注意宝宝的安全，稍不留意就可能出意外。

运动能力开发

9个月的宝宝开始用膝盖爬行,动作比较流畅,还能用手和膝趴着并挺起身来。宝宝能用手拿着奶瓶喝奶,奶瓶掉了也会自己捡起来,会独自吃饼干。

扶着桌子找妈妈

益智点

让宝宝学会控制自己的身体,为独自站立和走路打好基础。

游戏来了

1. 让宝宝扶着桌子站稳,妈妈站在桌子的对面或侧面,告诉宝宝:"看,妈妈在这里。"
2. 当宝宝注意到妈妈时,妈妈躲到桌子底下,再喊道:"宝宝,妈妈在哪里?"并引导宝宝蹲下,然后在桌子下面对视。
3. "妈妈在这里。"妈妈从桌子下出来,站起来,"宝宝,妈妈在哪里?"逗引宝宝也跟着出来。

注意要点

这个游戏适合已经学会扶站的宝宝,除了站立和下蹲,还可以引导他扶桌子做弯腰、伸腿等动作,让他学习控制自己的身体。

大动作能力
反应能力

语言能力开发

宝宝到9个月时,语言能力有所发展,能听懂大人的话,如问他:"妈妈在哪里?"宝宝会用眼睛看着妈妈或用手指妈妈,有时还会发出"爸爸、妈妈、大大"等简单音节的语言。当宝宝听到熟悉的音乐时,还会跟着哼唱。

学叫爸爸妈妈

语言能力
听觉能力
观察能力
模仿能力

益智点

通过叫"爸爸""妈妈",训练宝宝学会发双音节词。

游戏来了

爸爸妈妈与宝宝面对面,用夸张的口形说"爸——爸"或"妈——妈"。这时,宝宝会学着说"爸爸""妈妈"这样简单的词。在爸爸要抱宝宝的时候,可引导宝宝叫"爸爸",如果他做到了,爸爸要做出夸张的表情称赞他,并把他高高地举起,宝宝会非常兴奋。

注意要点

爸爸妈妈用夸张的口形教宝宝非常重要。宝宝喜欢模仿,通过长时间练习,咽喉肌肉逐渐发达,有助于发出更多的音节。这个练习需要时间和耐心,爸爸妈妈不要急于求成,多练习几次,宝宝自然就学会了。

数学逻辑能力开发

9个月的宝宝有简单的数量概念，能区分物体的大小和数量的多少。

比多少

益智点

训练宝宝感知"多少"的笼统概念。

游戏来了

在宝宝伸手就能够得着的地方放两堆形状不同、数量不同的糖块。妈妈引导宝宝认识多和少，指着少的说："这堆少，宝宝快来捡。"帮宝宝把少的糖块捡到小碗里。妈妈再指着多的说："这堆多，宝宝再来捡捡。"帮宝宝把多的糖块捡到另一个同样大小的小碗里。把两个小碗放在宝宝面前，比较碗里糖的多少。

注意要点

做这个游戏时，妈妈要注意，不要让宝宝把糖放在嘴里误吞了。

爸爸妈妈看过来

这时，宝宝多以无意注意为主，以学习模仿为主。随着宝宝生理、心理的发展，对事物的多少也会逐渐有所察觉。

- 数学能力
- 模仿能力
- 抓握能力

人际交往能力开发

9个月的宝宝喜欢和同龄的小朋友做游戏。

过家家

人际交往能力

模仿能力

益智点

让宝宝学会关怀、同情、照顾他人，提高人际交往能力。

游戏来了

给宝宝一条可以当布娃娃被子的手帕或毛巾，引导他和布娃娃过家家，让他去哄、抱娃娃，或帮布娃娃盖被子等，模仿妈妈照顾、关怀宝宝的模样。

注意要点

学会关怀娃娃就会关怀其他人，善待娃娃也是宝宝学习人际关系的重要课题。

如果爸爸妈妈发现宝宝有摔、扔、砸娃娃的举动，一定要及时制止，并用表情、声音或动作告诉宝宝这样做是不对的，并给宝宝示范正确的照顾方式。

自我认知能力开发

9个月的宝宝认知能力已经很强，开始有物体永存的概念。宝宝开始认识自己的身体部位，能非常清晰地记住自己的五官，并且懂得害羞了。这说明宝宝的认知能力已经攀上了新台阶，要注意多培养。

摸摸自己的小嘴巴

自我认知能力
触觉能力
空间认知能力
人际交往能力

益智点

教宝宝认识嘴巴，帮助他认识五官，感受五官的存在，促进自我认知能力发展，增进宝宝和家人的亲密感。

游戏来了

1. 妈妈抱着宝宝或让宝宝仰卧在床上，与宝宝的视线相对，问："宝宝的嘴巴呢？"用手指轻轻点宝宝的小嘴巴，说："哦，宝宝的小嘴巴在这儿呢！"

2. 再次与宝宝视线相对，问："嘴巴呢？妈妈的嘴巴呢？"拿起宝宝的小手，让宝宝触摸妈妈的嘴巴，告诉宝宝："妈妈的嘴巴在这儿呢，这是妈妈的嘴巴！"

注意要点

妈妈要多跟宝宝玩这样的游戏，通过这种方法还可以认识耳朵、眼睛、鼻子、小手和小脚。

感觉能力开发

9个月的宝宝能够准确找出声源，会认真观察爸爸妈妈的动作，并模仿爸爸妈妈的动作去做。

宝宝玩涂鸦

益智点

通过让宝宝自由涂鸦，提高宝宝的形象思维能力，并且锻炼宝宝的手指灵活能力。

游戏来了

妈妈准备一张白纸和几支彩色笔，和宝宝一起涂鸦。画好后，妈妈还可以编个关于画的故事讲给宝宝听。

注意要点

9个月的宝宝开始喜欢涂鸦，虽然宝宝画得很凌乱，但是，他已经有了自己的形象思维。爸爸妈妈要多为宝宝创造机会，让宝宝独立涂画各种线条，但不要把自己的思维强加给他，应帮助他提升对图形的认知能力和理解能力。

- 形象思维能力
- 模仿能力
- 手指灵活能力

见此图标 微信扫码
手把手教你养育健康聪明好宝宝

模仿创新能力开发

9个月的宝宝会模仿爸爸妈妈的动作，可以做拔、拉、捏、抠的动作。

大力士找饼干

探索能力
观察能力
手指灵活能力

益智点

训练宝宝的观察能力、手指灵活能力，同时让他体会努力后获得食物的快乐。

游戏来了

1. 准备好小饼干，如磨牙小饼干（宝宝吃过的牌子）。

2. 大人先张开手掌，让宝宝看到手心里有一块小饼干。当着宝宝的面把手轻轻握起来，手心向上伸到宝宝面前，让宝宝用小手来拿。

3. 协助宝宝去抠和掰动大人的手指，找出饼干。表扬宝宝是大力士，用饼干奖励他。

注意要点

如果宝宝对小饼干不感兴趣，就要换成宝宝喜欢的其他东西。宝宝掰手时，不要让他太容易掰开，否则，他会没有成就感。

爸爸妈妈看过来

有时宝宝的反应比较慢，大人可以把握饼干的速度放慢，或者多做几次。宝宝明白后就会自动掰开大人的手。刚开始不要让宝宝达成，要让宝宝多做几次努力，再把饼干给他。宝宝拿到饼干后会很高兴，大人要及时鼓励。大人的鼓励是宝宝最好的动力，宝宝吃完后会满怀期望地看着你。这个时候再换另一只手做同样的游戏，也可以用一些小玩具，让宝宝掰开获得。

眨一眨，摇一摇

模仿能力
记忆能力
专注能力

益智点

训练宝宝的模仿能力、记忆能力与注意力。

游戏来了

妈妈抱着宝宝或与宝宝面对面坐着，对宝宝说："小眼睛眨一眨。"同时妈妈要做出眨眼睛的动作，并要求宝宝跟着做。

宝宝做完这个动作后，妈妈再对宝宝说："小手摇一摇。"同时自己做，也让宝宝模仿。接着，妈妈再说："小脑袋摇一摇。"同时，鼓励宝宝也跟着妈妈一起摇摇头，并适当给予夸奖。

注意要点

可以分几次教会宝宝做这些动作，当宝宝学会后，可以把儿歌连起来，一边念一边和宝宝一起做动作。

爸爸妈妈看过来

随着宝宝完成坐、爬动作越来越熟练，视野大大开阔，能灵活地转动上半身上下左右环视，注视他感兴趣的事物。爸爸妈妈应多与宝宝做游戏，鼓励宝宝模仿，也可以带宝宝出去看蓝天白云、鲜花绿草、行人如织、车水马龙等，促进他视听能力发展，同时培养其观察能力。

8～9个月宝宝智能水平小测试

1. 按照大人吩咐拿玩具
   A. 5种　　　　B. 4种　　　　C. 3种　　　　D. 2种

2. 认识身体部位
   A. 3处　　　　B. 2处　　　　C. 1处　　　　D. 不会

3. 揭盖取玩具
   A. 揭开再盖上玩具　　　B. 揭盖取到玩具　　　C. 找不着

4. 用食指按电视、录音机、电灯、收音机、空调、电脑等的开关
   A. 5种　　B. 4种　　C. 3种　　D. 2种　　E. 1种

5. 称呼
   A. 见爸爸叫爸爸，见妈妈叫妈妈　　B. 叫爸爸妈妈中的一人
   C. 无人时乱叫

6. 用姿势表示再见、谢谢、鼓掌、亲亲、虫虫飞、蝶蝶飞及其他
   A. 5种　　B. 4种　　C. 3种　　D. 2种　　E. 1种

7. 会给娃娃服务
   A. 盖被子　　　B. 拍它睡觉　　　C. 抱娃娃哄它不哭
   D. 不喜欢它，扔掉或摔它

8. 懂得害羞
   A. 当别人谈到自己时藏到妈妈身后　　B. 躲到妈妈怀中
   C. 不理会别人的谈话

9. 拿勺子时
   A. 凹面向上盛到食物　　　　　B. 凸面向上盛不到食物
   C. 拿勺子乱搅不盛食物

10. 大人帮助穿衣服时
    A. 会伸手和头配合　　　B. 会伸手　　　C. 不配合

11. 学爬
    A. 手膝爬　　　B. 手腹匍行　　　C. 俯卧打转　　　D. 俯卧不动

12. 扶物站立
    A. 横行跨步　　　B. 扶站不稳　　　C. 不能从爬行扶起站立

题号	得分				
	A	B	C	D	E
1	10	6	3	0	
2	10	6	3	0	
3	10	6	0		
4	10	8	6	4	0
5	10	6	0		
6	10	8	6	4	2
7	10	8	6	0	
8	10	8	0	0	
9	8	4	0		
10	10	8	0		
11	6	4	2	0	
12	10	6	0		

结果分析

── 70 分以下 ──

宝宝的智能发展未达到理想的水平，妈妈要多加训练。

── 70～110 分 ──

宝宝的智能发展尚可，达到平均水平，若要提升宝宝的智能，妈妈要多加训练。

── 110 分以上 ──

宝宝的智能发展非常棒，继续努力吧。

备注：本书中的智能测试评分方法仅供参考。测试的结果因人而异，若宝宝达不到平均水平，可重复测试，让宝宝多练习，相信能做得到。

第 10 章
9～10个月
宝宝试着站立

　　现在我可以扶着栏杆站起来了，如果松开手，我还可以站立2秒钟甚至更长的时间，我是不是很厉害啊！我喜欢自己坐在沙发上捏小哥哥的爆米花，一下一下很好玩儿。我现在还能模仿爸爸妈妈发出1～2个字音，尽管我现在说不出完整的句子，但是，爸爸妈妈已经开始明白我简单的发音中所要表达的意思了。今天隔壁的阿姨问我几岁了，我伸出了自己的食指，尽管我还说不出来，但是妈妈教过我，我快1岁啦！看到我的表现，阿姨和妈妈都一直夸我是一个聪明的宝宝呢。

9~10个月宝宝的成长树

大动作
- 如果发现有趣的玩具,能扶着东西蹲下去捡,能从站位到坐位,身体下肢的灵活性不断增强
- 宝宝会自己捧着杯子喝水了,也会手脚并用地爬行了
- 有的宝宝被大人牵着能走了

语言
- 宝宝能有意识并正确地发出相应的字音,来表示一个动作。此外,还开始说一些由2~3个字组成的难懂的话,但说得含糊不清。

精细动作
- 宝宝能很顺利地用食指和拇指捏球放入瓶中
- 手指头更加灵活,能较长时间独自一个人玩套圈等玩具了

人际交往
- 宝宝会做模仿游戏了,如拍手欢迎、挥手再见、拍洋娃娃睡觉等
- 对其他的宝宝比较敏感,如果看到父母抱其他宝宝就会哭

感觉
- 现在的宝宝已经知道了若干物品的名称,接下来就可以认识物品的颜色了
- 听到不同的声音会有不同的反应

宝宝的基本生长发育

项 目	男宝宝	女宝宝
身高（厘米）	68.9 ~ 79.3	67.3 ~ 77.7
体重（千克）	7.7 ~ 12.0	7.2 ~ 11.2

妈妈育儿指南

❶ 让宝宝养成良好的饮食习惯，适当控制肥胖宝宝的饮食。

❷ 给宝宝多吃富含多种维生素的食物，促进其视力发育。

❸ 帮助宝宝多练习拇指与食指的捏取能力，学习更为精细的动作。

❹ 帮助宝宝锻炼腿部肌肉的力量，为下一步学习走路做准备。

❺ 创造机会帮助宝宝认图识字，多给他讲小故事，让他听懂每句话，促进语言等多方面的智能发育。

❻ 经常帮宝宝揉揉手指，促进血液循环。

❼ 为宝宝选择一双合适的鞋子，并帮助他学会站立，训练其学习迈步。

❽ 鼓励宝宝在玩水、玩沙、玩泥、玩玩具中练习手和四肢的协调性。

❾ 注意宝宝活动范围的安全，避免小绒毛落入他的眼睛中。

❿ 训练宝宝有意识地叫"爸爸""妈妈"。

⓫ 鼓励宝宝多说话，响应其简单的要求，以锻炼其语言能力。

⓬ 教宝宝看图、认人、认物等，在潜移默化中认字。

扫码获取
* 婴儿护理
* 饮食喂养
* 科学早教
* 育儿贴士

读懂 9～10 个月宝宝，选择合适的玩具与游戏

认识 9～10 个月宝宝

9～10 个月的宝宝可以自己拉着栏杆立起来，扶着他站立后松开手，他能够独立站立 2 秒以上；让宝宝扶着椅子、床边或者小推车，鼓励他迈步，他能够迈 3 步以上。在一些精细动作上，宝宝可以将自己手中的玩具放进一个较大的容器里，可以熟练地用拇指和食指捏起一块糖或者一个小球，动作也比较协调。

精细动作能力特点及训练

这个月的宝宝在精细动作方面有了一定程度的发展，五指可以分工、配合，而且会根据物体的外形特征比较灵活地运用自己的双手了。宝宝可以将一块放在桌子上的糖拿起来，如果是一片薯片之类比较薄的东西，在几次尝试后也可以拿起来。

手部动作能力的发展是智力发展的外部标志，所以一定要重视手部动作的训练。拇指和食指对捏动作标志着大脑的发展水平，要尽量做到精确完美，通过和宝宝做游戏，让他反复练习，可以促进拇指食指的灵活性和精确性。

语言能力特点及训练

现在宝宝可以将不同的音节组合起来发音了，比如"爸爸""妈妈""走"，他还可能说一些难懂的话，当说"欢迎""再见"的时候，他还会做出相应的动作。

这个时期宝宝的语言模仿能力比较强，爸爸妈妈要根据他的语言发育特点，给他放一些儿童乐曲，念一些儿歌，激发他的语言学习兴趣，提高理解能力。

适合 9～10 个月宝宝的玩具与游戏

这个月的宝宝可以多做一些精细动作训练，妈妈可以给他玩一些带盖子的瓶子、堆叠在一起的纸杯，还可以提供一些细小的物品让他去捏取。

妈妈可以通过这个游戏来锻炼宝宝的手部动作。准备一个带盖子的塑料瓶放在宝宝的面前，妈妈先要示范打开瓶盖，合上盖子，然后引导他自己做。

这个月的宝宝也适合玩一些小的、精细的玩具，锻炼他手部的精细动作能力。可以给宝宝准备一些珠子、玻璃球、塑料瓶盖、小积木块，让他练习拿捏这些东西，在敲、捡、扔、丢的过程中，训练手部的动作。

运动能力开发

10个月的宝宝能扶着栏杆自己站起来,让宝宝扶着小推车能迈3步以上。这时,爸爸妈妈要加强宝宝动作能力的训练,特别是站立训练,为以后的迈步和走路做好准备。

牵双手迈步

大动作能力

协调能力

益智点

让宝宝练习向前方迈步,为独立行走做准备。

游戏来了

1. 爸爸妈妈分别牵着宝宝的左手和右手。
2. 妈妈向前迈左脚,并引导宝宝也跟着迈左脚;爸爸向前迈右脚,同时引导宝宝也向前迈右脚。爸爸妈妈可以一边迈步一边数数。

注意要点

爸爸妈妈的动作不要太快,要有耐心。

语言能力开发

10个月的宝宝，在语言上能模仿爸爸妈妈发出1~2个字音，如"爸爸、妈妈、拿、走"等。宝宝能有意识并正确地发出相应的字音，来表示一个动作。此外，还开始说一些由2~3个字组成的难懂的话，但说得含糊不清。

练习说"拜拜"

语言能力
听觉能力
社交能力

益智点

通过和宝宝学习"拜拜"等礼貌用语，锻炼宝宝的听觉能力和语言能力。

游戏来了

爸爸妈妈可将宝宝抱在自己的膝盖上，和另一个人说一会儿话后，爸爸妈妈一边往外面走，一边说："拜拜。"这时，要走的人不但要让宝宝摆手和自己说"拜拜"，而且自己也要说"拜拜"。还可照此学习如"谢谢""欢迎"等礼貌用语。

注意要点

跟宝宝做游戏的时候，要多说几次，帮助宝宝加深记忆。

小鸟飞

语言能力
理解能力
模仿能力

益智点

锻炼宝宝的听说能力和运动能力。

游戏来了

与宝宝坐在一起,将他的胳膊展开,让他的手臂上下扇动学小鸟飞翔,并学小鸟"啾啾啾"地叫。还可以学飞机的"隆隆"声,让宝宝像飞机一样飞。带宝宝到户外玩耍时,也可以借机让宝宝观察小鸟和飞机,并反复学它们的声音。

注意要点

除了学小鸟飞和飞机飞,还可以和宝宝一起模仿其他动物的动作和声音,如小鸭"嘎嘎嘎"、小狗"汪汪汪"、小猫"喵喵喵"等。

空间感知能力开发

10个月的宝宝在空间感知上有了新的发展,能够从不同的方位在方形的箱子里取物,并且可以在一定空间里找到所要找的目标。

爬着找图

空间感知能力

记忆能力

益智点

提高宝宝的辨别方位能力。

游戏来了

找一个大一些的包装盒,在盒子的六面分别贴上动物图,比如小狗、小马、小熊等,引导宝宝看盒子上的图,跟宝宝说:"宝宝来找找狗狗在哪里啊?"宝宝会爬到盒子那里去找小狗,宝宝找到后,要及时鼓励宝宝,然后引导宝宝找其他动物的图案。

注意要点

游戏的过程中妈妈要有耐心,开始的时候可能会有些慢,等宝宝慢慢熟悉,就会很快找到图了。

> **爸爸妈妈看过来**
>
> 通过这个游戏,不仅能使宝宝学习新事物,记住每个图的名称,还可以帮助宝宝辨别方位,拓展宝宝的空间感知能力。

人际交往能力开发

宝宝10个月时，在情绪社交上已经能意识到搂抱在感情交流上的重要性，为了得到爸爸妈妈或其他大人的拥抱，宝宝甚至会主动抱人。这时的宝宝不再是一个被动的感情接受者了，见到生人，也不会惶恐不安了，有时还会主动向人微笑。

照顾娃娃

社交能力
观察能力

益智点

用趣味性、形象性等吸引宝宝，延长宝宝的注意时间。培养兴趣和对事物的观察能力，还能发展动手能力，提高手指的灵活性。

游戏来了

1. 准备一套餐具、一个玩具娃娃及其配套的鞋子、袜子等。
2. 爸爸妈妈一边说话一边玩过家家的游戏，让宝宝在旁边看着。如给娃娃穿衣服、系扣子、穿鞋子、扎头发等，也可以喂饭。
3. 喂好饭，妈妈对宝宝说："宝宝，爸爸妈妈给娃娃喂好饭了，现在娃娃要出去玩，该给娃娃换衣服了，换好后我们带娃娃出去玩。"妈妈给娃娃换好衣服后再给宝宝换衣服。

注意要点

照顾娃娃的游戏有很多不同的内容和动作，每次最好做一部分，具体内容的多少根据宝宝的接受情况来定。

自我认知能力开发

宝宝身体的协调能力逐渐增强,可以在大人的帮助下蹲下取物,也可以比较自由地支配自己的手和脚。

可爱的小脸蛋

益智点

帮助宝宝认识自己身体的部位,增强宝宝的自我认知能力。

游戏来了

妈妈抱着宝宝到镜子前,让宝宝可以看到镜子中的自己,一边说"宝宝的小脸蛋",一边同时摸宝宝的脸蛋,说到"宝宝的小鼻子"同时摸宝宝的鼻子,说到"宝宝的小脚丫"同时摸宝宝的脚。

注意要点

游戏的过程中,一定要一边说一边同时摸宝宝对应的部位,让宝宝有更真实的感触。

> **爸爸妈妈看过来**
>
> 宝宝对外界的认识越来越多,对自己身体的认知也开始多起来。通过游戏不断刺激宝宝的视觉能力,扩大宝宝的视野,增强宝宝的感知能力和观察能力。

`感知能力` `视觉能力`

感觉能力开发

10个月大的宝宝手眼协调发育进步很大,懂得常见人和物的名称,还会注视所说的人或物。此时,宝宝能熟练地用拇指和食指的指端捏住类似小碗等小物品了,这种高难度的动作标志着宝宝大脑发育已经达到较高水平。

温度感知

触觉能力
反应能力

益智点

加强宝宝对温度的认知,促进触觉的发展,提高身体各个部分的配合能力。

游戏来了

1. 用小塑料瓶装上冰水、温水和热水。
2. 扶宝宝小手分别拿取。
3. 告诉宝宝拿到的感觉,"凉""温""热"。

注意要点

水的温度不要太高,宝宝的肌肤比较娇嫩,对温度更加敏感,应避免宝宝烫伤。

见此图标 微信扫码 | 手把手教你养育健康聪明好宝宝

第10章 9~10个月 宝宝试着站立

模仿创新能力开发

宝宝可以模仿大人的动作做游戏，可以配合妈妈穿衣服，还会通过摇盒子的方法取到里面的东西。

玩沙子

模仿创新能力
精细动作能力

益智点

通过沙子的可塑性，锻炼宝宝的模仿创新能力。

游戏来了

给宝宝准备一个小桶、一把小铲子、一桶潮湿的沙子。将桶中的沙子倒出来，教宝宝用沙子堆成一座"小山"。也可以鼓励宝宝自由发挥，进行创造。

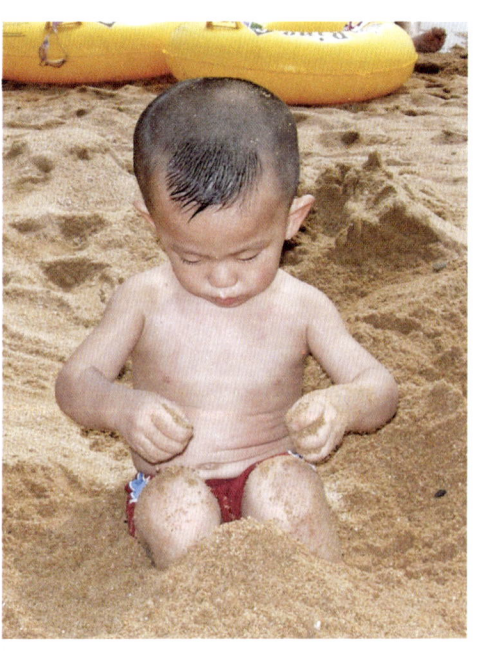

爸爸妈妈看过来

10个月的宝宝，手部的动作能力越来越强，也越来越精确，他现在可以利用一些工具来做一些自己想做的事情了。爸爸妈妈要多带宝宝到户外去接触新鲜的事物，给他自由发展的空间，让他一边玩儿一边提高创造能力。

注意要点

游戏过程中让宝宝自己来创造，妈妈不用过多地干涉。

9～10个月宝宝智能水平小测试

1. 认识新的身体部位
   A. 认识大拇指或2处新部位
   B. 认识1个手指如食指，或另一个新的身体部位
   C. 不认识新部位

2. 拉绳取物
   A. 拉绳取环或取到玩具　　　　B. 直接去够取环或玩具
   C. 无目的地乱抓

3. 捏取葡萄干或爆米花
   A. 用食指、拇指捏取　　　　　B. 大把抓
   C. 用手掌拨弄　　　　　　　　D. 不理会不抓取

4. 在1分钟内把小球放入瓶中的个数
   A. 4个　　　　B. 3个　　　　C. 2个　　　　D. 1个

5. 有意识地称呼亲人
   A. 爸爸和妈妈　　B. 爸爸妈妈中的任何一个　　C. 无人时乱叫

6. 用身体语言表示如"再见、谢谢、您好、握手、碰头、亲亲、虫虫飞、鸟飞、挤眼睛、噘嘴"等
   A. 7种　　　　B. 5种　　　　C. 3种　　　　D. 2种

7. 喜欢小朋友，同人打招呼时能招手、点头、笑、摇身体、跺脚、尖叫等
   A. 3种　　　　B. 2种　　　　C. 1种　　　　D. 不理

8. 捧杯喝水时
   A. 不用大人扶持略有洒湿　　B. 要大人扶持　　C. 不会用杯子

9. 穿衣时
   A. 自己把胳膊伸入双侧袖内　　B. 自己会伸入一侧
   C. 大人将胳膊放入袖内

10. 爬行时
    A. 手脚快爬　　B. 手膝慢爬　　C. 腹部靠床匍行　　D. 俯卧打转

11. 扶站下蹲捡物时
    A. 能蹲下捡物　　B. 蹲下但捡不着　　C. 不敢蹲下

12. 学走时
    A. 一手牵着走　　B. 双手牵着走　　C. 扶物走

题号	得分			
	A	B	C	D
1	10	5	0	
2	10	5	2	
3	10	5	3	0
4	12	9	6	3
5	10	5	2	
6	15	12	9	6
7	9	6	3	0
8	9	5	0	
9	6	4	2	
10	10	8	6	3
11	10	8	3	
12	12	10	8	

结果分析

70 分以下

宝宝的智能发展未达到理想的水平，妈妈要多加训练。

70 ~ 110 分

宝宝的智能发展尚可，达到平均水平，若要提升宝宝的智能，妈妈要多加训练。

110 分以上

宝宝的智能发展非常棒，继续努力吧。

备注：本书中的智能测试评分方法仅供参考。测试的结果因人而异，若宝宝达不到平均水平，可重复测试，让宝宝多练习，相信能做得到。

第 11 章
10~11个月 宝宝迈出人生的第一步

在爸爸妈妈的帮助下，我可以迈着不太美观的步伐在客厅转来转去，这是我很喜欢的运动，我正在经历着我人生的一个很重要的阶段，相信不久后我就可以走路了。现在我可以稳稳地站在原地了，这就意味着我离走路的日子已经不远了。我现在每天在加紧练习，我好期待那天的到来啊！我的语言能力也在逐渐发展中，如果现在有人问我："妈妈在哪里？"我会把头转向妈妈的方向，尽管现在我说的话还不多，但是，我理解的句子已经很多了，很多的话我都明白是什么意思哦！

10~11个月宝宝的成长树

语言
- 宝宝能理解大人的话了,可用姿势来回答
- 宝宝会模仿狗叫

大动作
- 宝宝能单手扶物
- 能够蹲下捡起玩具,并且再站起来

精细动作
- 宝宝居然将杯盖准确地放在杯子上了

人际交往
- 宝宝喜欢模仿大人的动作及其他宝宝的动作与游戏,如拍娃娃睡觉等

感觉
- 宝宝看了画着苹果的卡片后,再给宝宝吃苹果时他就会比较激动

宝宝的基本生长发育

项　目	男宝宝	女宝宝
身高（厘米）	70.1～80.8	68.6～79.2
体重（千克）	7.9～12.3	7.4～11.5

妈妈育儿指南

① 合理安排宝宝的辅食，鼓励宝宝自己吃饭。
② 注意应对一直依恋母乳的宝宝。
③ 创造机会帮助宝宝认图识字，多给他讲故事，让他听懂每句话，促进语言等多方面的智能发育。
④ 多创造条件进行一些探索类游戏，从而提高宝宝创造性思维的发展。
⑤ 帮助并鼓励宝宝独自站立，并逐渐迈步。
⑥ 多让宝宝与外界交流，加强人际交往的能力。
⑦ 训练宝宝手脚爬行。
⑧ 教宝宝学翻书、找图画。
⑨ 教宝宝绘声绘色地念儿歌、打电话、读诗歌、听音乐等。
⑩ 让宝宝跟着音乐来扭动身体。
⑪ 用具体的物品来教宝宝"数"的概念，如苹果、玩具小汽车等。

扫码获取
❀ 婴儿护理
❀ 饮食喂养
❀ 科学早教
❀ 育儿贴士

读懂 10～11 个月宝宝，选择合适的玩具与游戏

认识 10～11 个月宝宝

宝宝开始蹒跚学步了，这是让爸爸妈妈非常高兴的一件事。这个时候不要害怕宝宝摔倒，要放开手鼓励宝宝大胆地迈出第一步。

宝宝 10 个月的时候就可以扶着栏杆横着走路，到了 11 个月，就可以熟练掌握扶站了，能够进行更进一步练习了。宝宝在练习走路的时候，爸爸妈妈不要担心宝宝会摔倒，只要保护得当，一些轻微的摔倒是不会伤到他的。

宝宝的视觉能力特点

在宝宝所有的感官中，眼睛是最活跃、最重要的一个，宝宝接收的大部分信息是通过眼睛向大脑传递的。这个时期是宝宝视觉的色彩期。这个时候他的视觉器官运动不够协调，绝大多数宝宝呈远视型。有时候，宝宝如果注意观察某一事物，会出现一只眼偏左、一只眼偏右或者两眼对在一起的情况。

宝宝的认知能力特点

现在宝宝已经懂得选择自己喜欢的玩具，逐步建立了时间、空间、因果关系，还能根据名称指出物品或图片。将玩具放在宝宝看到却够不到的地方，再在旁边放一根棍子，他知道用棍子够玩具。这个时候宝宝喜欢模仿大人的面部表情和说话声。

适合 10～11 个月宝宝的玩具与游戏

陪宝宝一起看书，试着让他自己翻书。可以给宝宝看简单的认物图片，反复给他指认图片上事物的名称。

给宝宝选一些会发声的玩具，适宜的玩具有利于开发宝宝的智力。

鼓励宝宝多说话，只要宝宝的声音有音调、强度等的改变，他就在为说话做准备。在他说话时，妈妈给的反馈越强烈，就越能刺激宝宝进行语言交流。

可以通过看图画书锻炼宝宝的视觉能力和认知能力。可以给宝宝一本动物图画书，让他观察每种动物的特点，然后询问宝宝动物的特点"谁的鼻子长""狗狗的眼睛在哪里"，让他自己指出答案。还可以准备一些有五官图案的图画书，妈妈先指着自己的眼睛和书上的"眼睛"，再指向书上的字，让他学习。

运动能力开发

从床上运动发展到地面运动,是宝宝生长发育过程中的一次飞跃。学会行走意味着宝宝的活动范围、接触范围以及视力范围较以前广泛多了,增加了对脑细胞的刺激,对宝宝智力发育有很好的促进作用。所以,当宝宝到了该学走路的时候,爸爸妈妈应开始大胆地锻炼宝宝独立行走的能力。

学涂涂点点

精细动作能力
创新能力
手眼协调能力

益智点

彩色蜡笔是一种锻炼手的灵活性的好工具,用笔需要拇指、食指和其他手指的配合。

游戏来了

准备彩色蜡笔。让宝宝用蜡笔在纸上任意涂涂点点,虽然这时候还看不出来他画的是什么东西,但这对他感知色彩是很有帮助的。

注意要点

妈妈给宝宝选择的蜡笔,一定要有一支暖色调的,如大红、玫瑰红或黄色,因为这些颜色能让宝宝感觉到热烈、阳光。

牵棍走路

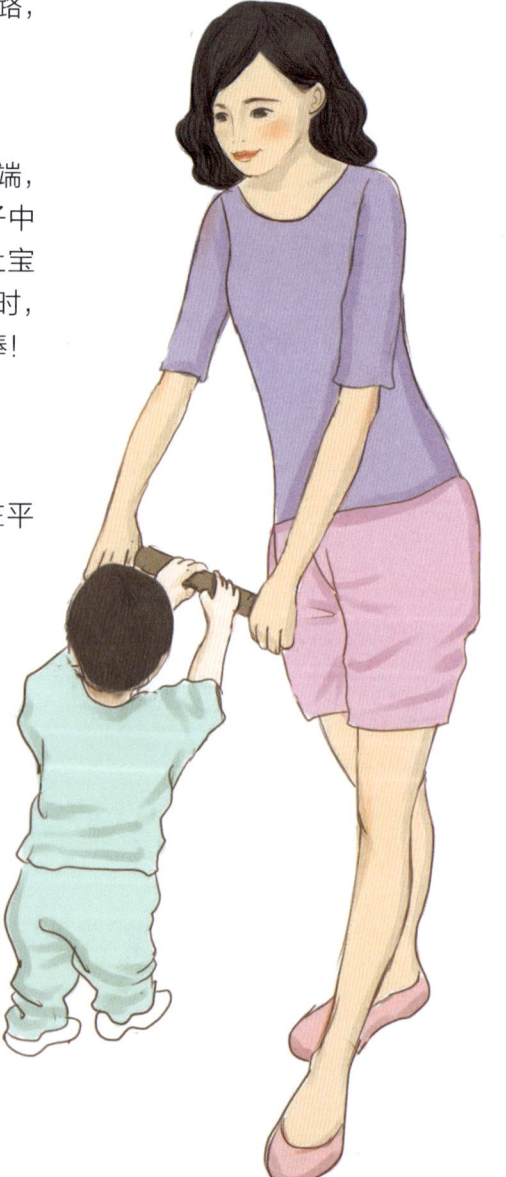

大动作能力

平衡能力

益智点

通过游戏,帮助宝宝学会走路,锻炼宝宝的身体平衡能力。

游戏来了

妈妈双手分别握住木棍的两端,将木棍水平放置,让宝宝抓住棍子中间的位置。妈妈一步步向后退,让宝宝练习迈步向前走,在宝宝走的同时,妈妈要用语言鼓励宝宝:"宝宝真棒!宝宝走得真好!"

注意要点

与宝宝做游戏的时候,应该在平坦的地面上进行。

见此图标 微信扫码 手把手教你养育健康聪明好宝宝

语言能力开发

11个月的宝宝的语言能力可能会有突飞猛进的发展，能有意识地发出单字的音，可以模糊地讲话了，听上去像在交谈似的，并能有意识地表示一个特定的意思或动作，如"要"表示要什么东西。

打电话找奶奶

`语言能力` `听觉能力` `手指协调能力`

益智点

锻炼宝宝的手指协调能力、听觉能力和语言能力，并帮助宝宝将家人和称呼联系在一起。

游戏来了

1. 准备一个玩具电话，或直接用家里的电话机、手机。
2. 妈妈拿着电话在宝宝面前演示："喂，奶奶，您好，宝宝想你了。"然后，将电话放在宝宝的耳朵边，教宝宝跟奶奶说话，妈妈说一句，让宝宝模仿一句。

注意要点

妈妈应尽可能用简单的语句，还可以在爷爷奶奶等人打来电话时，让宝宝尝试交流，并教宝宝"问候"爷爷奶奶等亲人。

数学逻辑能力开发

这时候的宝宝,虽然还不会说,但头脑中已经有 1 和 2 这样的意识了。

数小牛

`数学学习能力`

`语言能力`

益智点

锻炼宝宝的数学认知能力和语言能力。

游戏来了

1. 妈妈和宝宝面对面坐着,妈妈伸出两只手做出小牛角的样子,并发出"哞哞"的叫声,让宝宝也学着发出"哞哞"的声音。

2. 妈妈伸出双手,用一只手的食指数另外一只手的手指,从拇指开始数,并教宝宝说:"一头小牛,两头小牛,三头小牛……"然后,让宝宝也学着从拇指开始,用自己的小手数数。

注意要点

妈妈在数数字的时候,加上手势,多重复几次,可以提升宝宝认识数字的能力。

人际交往能力开发

这个月,宝宝会有目的地扔玩具。大人在桌子上摆好玩具,宝宝在玩玩具时,往往会故意把玩具扔在地上,希望大人帮他捡起,然后他还会将玩具扔在地上,在这个过程中来体会自己的行为与表现,并从中得到快乐。

小伙伴们一起玩

社交能力

视觉能力

益智点

宝宝在相互交换和分享玩具的游戏中,能感受到有伙伴的快乐,能够学着如何与伙伴交往,从而锻炼宝宝的社交能力。

游戏来了

1. 天气好的时候,带着宝宝和玩具到户外的草坪上,和其他的宝宝一起玩,告诉宝宝"我们去和哥哥姐姐们一起玩了"。

2. 在玩耍中,父母要让宝宝拿着玩具和大家一起玩:"宝宝,让哥哥姐姐帮你开小车,宝宝的小鸭子给姐姐玩一会儿,好吗?"宝宝和伙伴们都会互相看各自不同的玩具,有时还会动手抢玩具,由此会有动作、表情以及表示意思的声音呼应。

注意要点

宝宝们在一起,难免有争执,父母不要过分阻止宝宝们,要先让他们用自己的方法解决"争端",如果解决不了,再从中调解。

照顾娃娃

社交能力
模仿能力

益智点

通过游戏,培养宝宝的爱心,提高宝宝的模仿能力。

游戏来了

给宝宝准备一个玩具娃娃,让宝宝将娃娃放到沙发上或者床上,用毛巾盖上,拍它睡觉。

过一会儿,妈妈对宝宝说:"娃娃饿了,要吃奶了。"给宝宝一个小瓶子代替奶瓶,教宝宝将娃娃抱起来喂奶。如果有小勺和小碗,可以让宝宝喂娃娃吃饭。

注意要点

如果宝宝生气虐待娃娃,把它扔到地上或者打它,妈妈要严肃地说:"娃娃摔倒了,赶紧看看娃娃摔疼了没。不能打娃娃。"让宝宝学会如何照顾娃娃。

谢谢宝宝

人际交往能力

理解能力

益智点

通过游戏培养宝宝与人交往的能力和对语言的理解能力。

游戏来了

妈妈将一个玩具交给宝宝,然后让宝宝把玩具送给爸爸。爸爸接到玩具后,对宝宝说:"谢谢宝宝!"并亲吻宝宝。

爸爸再把玩具还给宝宝,并让宝宝把玩具交给妈妈,妈妈接到玩具后,也要对宝宝说:"谢谢宝宝,宝宝真乖!"

注意要点

爸爸妈妈在拿到玩具后要笑着感谢宝宝,让宝宝知道别人接到他的东西会很高兴。

音乐能力开发

宝宝对声音的高和低比较敏感,能够有意识地敲打物品使其发出声音。

小小指挥家

音乐感知能力

听觉能力

益智点

通过游戏锻炼宝宝的听觉能力和对音乐节奏的感知能力。

游戏来了

给宝宝放一些舒缓、优美的高雅音乐,每天2～3次,每次5～10分钟,在宝宝听音乐的时候,妈妈在背后抓着宝宝的手臂,跟着音乐的节奏拍手,并根据旋律的变化改变手臂的动作幅度。

注意要点

在选择音乐的时候,要避免有超重低音效果的或者是起伏过大的音乐,避免宝宝受到惊吓。

自然认知能力开发

宝宝现在可以区分早上和晚上的时间概念,也可以区分妈妈手里哪块是糖,哪块是饼干。

听雨声

`自然认知能力`
`听觉能力`

益智点

通过游戏培养宝宝认识自然界事物的能力。

游戏来了

下雨天的时候,和宝宝一起坐在窗前听外面的雨声,边听边给宝宝唱儿歌:"小雨小雨哗哗下,宝宝宝宝快长大。"雨声可以让宝宝感觉到自然界新的刺激。

注意要点

妈妈和宝宝说话的时候尽量用普通话,不可以用过大音量的语音刺激宝宝。

爸爸妈妈看过来

在照顾宝宝的时候,要帮助他熟悉生活中的各种声音,让他多接触大自然中的各种事物发出的声音,比如风声、雨声、动物的叫声,这样不仅可以培养宝宝的听力,也可以提升宝宝对自然的认知能力。

感觉能力开发

这时,宝宝能把放在他手中的东西一次又一次地扔到地上,并从中得到很大的满足感和快感。同时,也将这种扔东西的行为当作一项"科学实验",看看东西被自己扔出去后会有什么反应。宝宝也会敲打东西,这是宝宝在发育过程中的探索行为。

时钟嘀嗒嘀

听觉能力
记忆能力

益智点

听自然而有节奏的响声,能让宝宝的听觉更灵敏,感受韵律的要求更强烈,也会让他发现更多生活中的声音,有助于提高宝宝的听觉记忆能力。

游戏来了

1. 给宝宝准备一个可爱的、在整点会发出美妙声音的闹钟。让宝宝靠坐在沙发上,把闹钟放在宝宝的手中,妈妈给宝宝唱儿歌:"小闹钟,真能干,嘀嗒嘀嗒爱唱歌。"

2. 当闹钟快走到整点时,妈妈要提醒聚精会神玩闹钟的宝宝:"闹钟还会唱歌,告诉宝宝几点了。"当闹钟在整点响起时,宝宝会觉得相当有趣。

注意要点

闹钟的声音要调得稍微小一点,以免吓到宝宝。

10~11个月宝宝智能水平小测试

1. 按照要求拣出图片、书页或字卡
   A. 4 张　　　B. 3 张　　　C. 2 张　　　D. 1 张

2. 放上杯盖
   A. 放正　　　B. 放歪　　　C. 乱放

3. 用手解开纸包取食物
   A. 用手打开　　B. 用手撕开　　C. 要大人帮忙打开

4. 在大瓶中取糖果
   A. 食指抠出　　B. 倒出　　C. 打翻瓶子取出　　D. 让大人拿取

5. 从形板中抠出形块
   A. 抠出 3 个形块　　B. 抠出 2 个形块　　C. 抠出 1 个形块

6. 依恋大人
   A. 妈妈抱别的宝宝时拉扯着要求抱自己　　B. 靠在妈妈或照料人身边不离开
   C. 靠到爸爸或其他亲人身旁　　D. 妈妈离开时不在乎

7. 回答"你几岁啦？"
   A. 竖起食指表示"我 1 岁"　　B. 乱竖手指表示　　C. 不表示

8. 称呼大人
   A. 4 人　　　B. 3 人　　　C. 2 人　　　D. 1 人

9. 穿裤子

    A. 自己伸腿入裤管内　　B. 大人握腿放入裤管中　　C. 不肯穿裤子

10. 脱鞋袜

    A. 自己用脚蹬去鞋袜　　B. 蹬去鞋子　　C. 让大人帮助脱掉

11. 学走

    A. 在大人放手后走1～2步　　B. 自己扶着家具来回走

    C. 大人一手牵着走

12. 爬高

    A. 自己手脚并用爬上台阶　　B. 大人牵着上一级台阶

    C. 不敢上高

题号	得分			
	A	B	C	D
1	12	10	7	4
2	5	3	0	
3	10	2	0	
4	10	8	7	0
5	9	6	3	
6	12	10	8	4
7	10	8	0	
8	18	15	10	5
9	9	3	0	
10	10	5	0	
11	15	10	8	
12	5	3	0	

结果分析

70分以下

宝宝的智能发展未达到理想的水平，妈妈要多加训练。

70～110分

宝宝的智能发展尚可，达到平均水平，若要提升宝宝的智能，妈妈要多加训练。

110分以上

宝宝的智能发展非常棒，继续努力吧。

备注：本书中的智能测试评分方法仅供参考。测试的结果因人而异，若宝宝达不到平均水平，可重复测试，让宝宝多练习，相信能做得到。

第12章

11～12个月
拿着蜡笔到处乱画的宝宝

这个月过后我就满一岁了，我现在的能力越来越强了，我不仅在走路方面有了长足的进步，而且我的手也越来越灵活了。我可以拿着妈妈给我的水彩笔在白纸上画出道道来，还可以把小珠子放在塑料瓶里。我现在能清楚地喊出"爸爸""妈妈"，也能发出一些其他的音节，还可以根据大人的指示做出一些动作。我现在喜欢一些小物体、小玩具，还能区分出圆形、三角形和正方形。在听觉上，我还可以准确判断出声源的方向，转头望向声源的方向。

11~12个月宝宝的成长树

语言
- 能够用一个单词表达自己的意思

大动作
- 宝宝自己能独立站稳了,有的宝宝还能独自走上2~3步

精细动作
- 宝宝喜欢拿着蜡笔乱涂了
- 宝宝会自己用勺盛饭入口了

人际交往
- 宝宝知道具体的事物是什么,在哪里。如当妈妈问他"洋娃娃在哪里"时,他会用眼睛或用手指,来表明他认识这个事物

感觉
- 能够找出发声源,能听懂几个字的句子

宝宝的基本生长发育

项　目	男宝宝	女宝宝
身高（厘米）	71.2 ~ 82.1	69.7 ~ 80.5
体重（千克）	8.1 ~ 12.5	7.6 ~ 11.7

妈妈育儿指南

❶ 要合理膳食，科学喂养，多摄取富含B族维生素的食物，以免宝宝厌食。

❷ 适当给宝宝吃点较硬的食物，如馒头片、饼干等。

❸ 多与宝宝玩一些图形、数字游戏，提高宝宝的思维能力。

❹ 让宝宝多接触外界，提升宝宝的交际能力。

❺ 让宝宝学习配合穿脱衣服，并配合洗浴。

❻ 教宝宝搭积木、玩套版，促进手的动作能力的发展。

❼ 教宝宝认识颜色、形状、图片，学涂鸦，辨大小。

❽ 教宝宝涂涂抹抹、认颜色；教宝宝竖起食指表示"1"；训练宝宝听到2~3种事物名称就能指认的能力。

❾ 教宝宝用点头或摇头表示意见。

❿ 教宝宝学走路，并注意避免受伤，学步时要避免发生脱臼、避免造成O型腿或扁平足等。

⓫ 在家中的危险处安装防护栏，给可能伤害宝宝的物品或抽屉加装防护措施。

✻ 婴儿护理
✻ 饮食喂养
✻ 科学早教
✻ 育儿贴士

扫码获取

读懂 11～12 个月宝宝，选择合适的玩具与游戏

认识 11～12 个月宝宝

开始学习走路

宝宝现在可以不用依靠外界事物自己站立起来，还可以独自站立一会儿不会摔倒。现在妈妈拉着宝宝的一只手，宝宝可以协调地移动双腿向前走，宝宝已经具备了变换重心的能力。有的宝宝不肯自己走，这个时候妈妈要督促宝宝自己走过来。

能认识家里人

宝宝不仅能够认出爸爸妈妈，还能认出爷爷奶奶等经常见到的人。这是因为宝宝的记忆能力有了相当大的发展。有的宝宝还能认出两三天以前见过的人。

宝宝阅读能力特点及训练

从 9～12 个月的时候开始进行早期阅读最合适，要根据婴幼儿的身心发展规律进行引导。通常这段时期的宝宝会把书当成玩具，喜欢撕书、扔书，这个时候爸爸妈妈不用过多地干涉，因为这是宝宝阅读的萌芽期，爸爸妈妈的任务就是让宝宝对书感兴趣，喜欢书。不管宝宝怎么翻、怎么看，都要随他的意愿。

宝宝的语言能力特点和训练

宝宝已经要满一周岁了，现在宝宝已经能够模仿并说出一些词语，有些特定的"音"有具体的意义，宝宝会用一个单词来表达自己的意思。爸爸妈妈同宝宝的交流会影响语言能力的发展，所以在宝宝的成长中，爸爸妈妈要经常热情地和宝宝进行交流，这在宝宝学说话的过程中有很重要的作用。

适合 11～12 个月宝宝的玩具与游戏

这个月适合给宝宝看一些图画书、简单的实物或图片，锻炼宝宝的阅读能力，刺激宝宝的视觉。因为这个时期宝宝的听觉也有了很大的进步，爸爸妈妈可以多让宝宝听一些儿歌。现在宝宝很喜欢能移动且能发出声响的玩具，爸爸妈妈可以根据这些特点给宝宝准备一些会动的音乐玩具。

运动能力开发

宝宝到了11～12个月,已经能掌握拇指和食指的指端了,能用拇指和食指捏取小物体。具备了这个功能的时候,宝宝的手就变得更加灵巧自如了。这时,宝宝往往会捏取一些小物品,还会用手去抠小物体、拿起杯子、打开抽屉、搭积木、翻书等。手部的灵巧活动对智力发展很有好处。

宝宝讲故事

精细动作能力

语言能力

益智点

在游戏中让宝宝认识人的不同情感和情绪,培养宝宝的社交能力。

游戏来了

宝宝坐在妈妈的膝盖上,拿出宝宝喜欢的图画书。

给宝宝看书,并告诉宝宝书的名字,一页一页地翻开,指着上面的图画给宝宝讲故事。妈妈将书捧在手上,让宝宝用手翻书,自己来"讲故事"。妈妈同时和宝宝一起讲。

注意要点

书的厚度不要太厚,只有几页即可,书最好是圆角,避免伤害到宝宝,并且要选择不反光的书。

宝宝认知比较突出的一个特点就是反复性,所以,要准备一本书反复讲。

箱子探险

大动作能力
空间感知能力

益智点

锻炼宝宝运动能力和空间感知能力。

游戏来了

准备一个结实的大号纸箱,将玩具放到纸箱里,然后问宝宝:"你看,箱子里有什么啊?"并且鼓励宝宝自己爬到箱子里面玩。妈妈还可以给宝宝一支笔,让宝宝在箱子里随便乱画。

注意要点

妈妈要一直陪在宝宝身边,不能因为宝宝在箱子里就掉以轻心。

语言能力开发

这个月的宝宝喜欢嘟嘟囔囔地说话,听上去像是在交谈,喜欢模仿动物的声音,并能把语言和表情结合起来。这时,宝宝视觉发育已经相当好了,开始对一些细小的物体产生兴趣,还能区分简单的几何图形。宝宝能较准确地判断声源的方向,并能用两眼看声源。开始学发音,能听懂几个字了。

妈妈捡玩具

益智点

锻炼宝宝的语言能力,帮助宝宝说完整的句子。

游戏来了

当宝宝想让妈妈帮他捡玩具的时候,会对妈妈发出一些不成句子的话。妈妈明白宝宝的意思后,要将宝宝的话补充完整。"宝宝,是让妈妈捡玩具吗?宝宝说'妈妈捡玩具'。"等听到宝宝的回应后,妈妈再给宝宝玩具。

注意要点

妈妈要等到宝宝有所回应后再给玩具,这样可以帮助宝宝更快地说出完整的话。

语言能力

理解能力

数学逻辑能力开发

1岁的宝宝虽然不能分辨数量,但对数字已经有了一定的认识。注意力是观察力、想象力、记忆力、思维能力和其他智力因素的必要条件和先导。妈妈要多创造吸引宝宝注意的环境,通过游戏的方式培养宝宝的逻辑思维能力。

快乐数数

数学能力
逻辑能力

益智点

教宝宝认识数量的不同,强化宝宝对数字的认知。

游戏来了

1. 准备玩具若干、玩具筐一个。把玩具筐放在沙发上,将各种玩具放在地上。
2. 妈妈让宝宝将玩具捡起来,一个一个地放入玩具筐里。
3. 宝宝每次搬运一个玩具放到玩具筐中,妈妈就数一次玩具筐中的玩具,并把这个数字告诉宝宝。
4. 当宝宝全部搬运完毕后,妈妈要给予鼓励,并和宝宝一起将玩具筐中的玩具数一遍。

注意要点

妈妈在生活中要有意识地培养宝宝收拾物品的习惯,有效地增强其自我服务的意识和能力,培养宝宝对自己的行为负责的良好品格。

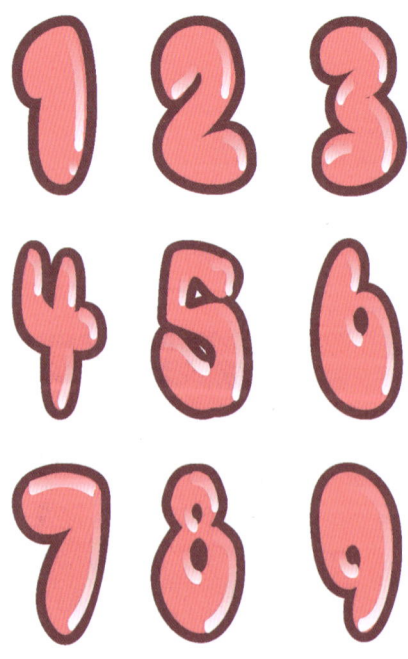

空间能力开发

这个月的宝宝对于空间的认识更进一步,能够感受到空间的存在,可以变换不同的方向去抓取物品。

小小建筑师

空间思维能力

手眼协调能力

益智点

通过游戏,培养宝宝的空间思维能力。

游戏来了

将一些积木放在宝宝的身边,妈妈拿起积木搭建一座金字塔。当搭建金字塔的顶部时,留下一块塔尖,将积木递给宝宝,让宝宝将积木放上去。让宝宝将积木推倒,妈妈和宝宝一起重复上面的游戏。

注意要点

游戏过程中向宝宝演示搭建积木的方法,可以帮助宝宝感受基本的积木建筑结构关系。

自然认知能力开发

1岁的宝宝对自然界的认识已经很清楚了，可以分辨出两三种自然现象的声音。

认识动物

自然认知能力

记忆能力

益智点

通过看图片，教宝宝认识不同动物的特点。

游戏来了

找几张宝宝认识的动物图片，指出这些动物的特点，比如"兔子的耳朵长""大象的鼻子长"，等宝宝看完后问宝宝："兔子什么长？"宝宝会摸耳朵。"大象什么长？"宝宝会摸鼻子。

注意要点

妈妈在指出动物的特点的时候，要多说几次，加深宝宝的印象。

感觉能力开发

此时，宝宝的听觉分辨能力和发音器官的调节能力都较弱，发音器官发育尚不够完善，还不能完全正确掌握某些音节的发音方法，会有一些可爱的发音。

认识大自然

`视觉能力` `观察能力`

益智点

丰富宝宝的触觉信息，提高宝宝的观察能力，促进宝宝的视知觉发育。

游戏来了

1. 带着宝宝外出赏花。
2. 走到大树下指着树告诉宝宝，这是大树，握着宝宝的小手摸一下树干，让宝宝感知树干的纹理。
3. 走到松树下可以拾几根松针，告诉宝宝，这是松树的叶子，用松针触碰宝宝小手，让他感知疼痛。

注意要点

让宝宝摸树时，要注意不要扎上刺。

11～12个月宝宝智能水平小测试

1. 能够自由地观察感兴趣的实物，比如，小金鱼在水里游、小狗摇尾巴、小猫抓脸等
   A. 是　　　　　　B. 不是　　　　　　C. 没试过

2. 喜欢到户外玩，经常会拉着妈妈的手往户外走，对大自然的魅力景物表现出兴趣
   A. 是　　　　　　B. 偶尔会关注　　　C. 从不关注

3. 用蜡笔画画时
   A. 在纸上乱涂乱画　　　B. 在纸上扎点　　　C. 在空中乱画

4. 拿着细线，另一头绑着物体摇晃
   A. 摇成圆圈　　　B. 前后晃荡　　　C. 不会摇

5. 叠放东西
   A. 2～3种　　　B. 1种，但放不正　　　C. 只会乱放

6. 认识身体部位
   A. 6处　　　　B. 5处　　　　C. 4处　　　　D. 3处

7. 戴帽子时
   A. 放在头顶上拉正　　B. 放稳　　C. 放不稳会掉下　　D. 不会

8. 面对活动的物体
   A. 宝宝能引起注意，眼睛会追随　　B. 宝宝能引起注意，眼睛没反应
   C. 没反应

9. 配大小瓶盖
   A. 正确配上大小瓶盖两个以上　　B. 正确配上一个　　C. 不会配

10. 模仿动物如猫、狗、羊、鸭、鸡、牛、虎叫
    A. 6个以上　　B. 5个　　C. 4个　　D. 3个

11. 1分钟内能将小丸投入瓶中
    A. 6个　　B. 5个　　C. 4个　　D. 3个

12. 学站
    A. 不扶物站稳3秒　　B. 扶物站稳　　C. 牵着站

13. 走路
    A. 自己走10步　　B. 自己走5步　　C. 不会走

题号	得分			
	A	B	C	D
1	10	5	0	
2	10	5	0	
3	10	5	3	
4	10	8	0	
5	10	5	0	
6	12	10	8	6
7	10	8	5	0
8	10	5	2	
9	10	8	0	
10	10	8	5	2
11	10	8	5	2
12	10	8	5	
13	10	5	0	

结果分析

70分以下

宝宝的智能发展未达到理想的水平，妈妈要多加训练。

70~110分

宝宝的智能发展尚可，达到平均水平，若要提升宝宝的智能，妈妈要多加训练。

110分以上

宝宝的智能发展非常棒，继续努力吧。

备注：本书中的智能测试评分方法仅供参考。测试的结果因人而异，若宝宝达不到平均水平，可重复测试，让宝宝多练习，相信能做得到。

下篇

1~3岁
宝宝分阶段
益智游戏

第 1 章

1~1.5岁
爱模仿的小大人

我喜欢在妈妈的怀抱里听妈妈给我讲故事,不管这本故事书妈妈给我读了多少遍,我都很喜欢听。我会指着故事书中自己喜欢的图案跟妈妈"说",也许妈妈听不明白,但是妈妈还是会很认真地听我"说"。妈妈叫我随着音乐跳舞,我听着熟悉的音乐,自己也快乐地动起来,高兴的时候还会哼出一些小调儿。我现在认识的人可多了,我喜欢和妈妈一起翻看家里的相册,妈妈教我认相册里的爸爸、妈妈、爷爷、奶奶、姑姑和邻居家的小哥哥。

1~1.5岁宝宝的成长树

语言
- 宝宝会背简单的数字了，如1、2、3等，还会背简单的儿歌

大动作
- 宝宝会爬到沙发或椅子上，然后转过身来，自己坐好

精细动作
- 宝宝能一次性地将书翻2~3页，而且还会把瓶盖打开又盖上

人际交往
- 宝宝开始主动喜欢到户外玩耍、做游戏了，喜欢到小朋友多的地方玩，但一般还是各自玩耍，互不交往

感觉
- 宝宝会说自己的小名了

宝宝的基本生长发育

项 目	男宝宝	女宝宝
身高（厘米）	76.6～89.1	75.6～87.7
体重（千克）	9.1～14.1	8.6～13.4

妈妈育儿指南

❶ 合理营养，均衡膳食；少吃过油腻、过甜、具有刺激性的食物，以避免宝宝出现消化不良。

❷ 多创造一些刺激宝宝说话的环境，以锻炼宝宝学会更多的词语。

❸ 鼓励宝宝多走路，并多锻炼宝宝的动手动脑、观察能力等，刺激宝宝的脑部发育。

❹ 让宝宝养成良好的睡眠和饮食习惯，理解宝宝的语言和动作，满足宝宝的正常要求。

❺ 鼓励宝宝做动手游戏，如搭积木、玩套版等。

❻ 鼓励宝宝玩角色游戏，如扮演售货员或顾客等。

❼ 多给宝宝讲故事、唱儿歌，鼓励宝宝说出自己的名字、年龄和常见食物的名称等。

❽ 启发宝宝用语言来表达自己的要求，并教宝宝认识动物，学动物叫等。

❾ 提供宝宝与同伴交往的机会，促进其语言和社交能力的发展。

❿ 在合适的时机用语调、动作和表情表示对宝宝行为的称赞和批评。

扫码获取
* 婴儿护理
* 饮食喂养
* 科学早教
* 育儿贴士

读懂 1～1.5 岁宝宝，选择合适的玩具与游戏

认识 1～1.5 岁宝宝

模仿能力很强

宝宝现在模仿能力很强，对于别人的一举一动，可以原样效仿，还会随着电视中的歌舞节目舞动起来。现在宝宝大多数已经会走路了，这段时期也是语言发展的重要阶段，爸爸妈妈要有意识地训练宝宝的发音。

数学思维能力特点及训练

幼儿期是人类数学能力开始发展的重要时期。其中1岁半是宝宝掌握初级数学概念的关键期，2岁半左右是宝宝计数能力发展的关键期，5岁左右是掌握数学概念、进行抽象运算以及形成综合数学能力的关键期。爸爸妈妈要抓住这段时期，更好地培养宝宝的智力，以利于以后的学习和生活。

精细动作能力特点及训练

1～1.5岁是宝宝训练手和手指的重要时期，早期发展手指动作是开发智力的重要措施。在生活中，宝宝通过模仿大人的动作，逐渐可以用茶杯喝水、用勺子吃东西、自己穿衣服、戴帽子、洗手等。

适合 1～1.5 岁宝宝的玩具与游戏

这段时期的宝宝需要多进行手部动作的训练，所以可以多给宝宝准备一些小珠子、橡皮泥、拼版等玩具。为了提高宝宝的阅读能力，还可以给宝宝准备一些色彩鲜艳的图画书。

宝宝现在大多喜欢活动，不过，手脚和躯干动作的协调能力还需要训练，爸爸妈妈可以带着宝宝到户外玩儿。除了让他自由活动外，还可以和宝宝做一些游戏，帮助宝宝训练动作的协调性。

运动能力开发

1岁的宝宝已能独立开步走,15个月时多数宝宝已走得较稳,18个月时宝宝已经可以走得很稳,会起步、停步、转弯、蹲下、站起来、向前走甚至向后退。宝宝虽然还不能很好地穿衣服、拉拉链,但已经学会自己脱衣服了。而且,宝宝开始学着用工具去够取够不到的东西了。

宝宝接球

大动作能力
协调能力

益智点
提高宝宝的行走能力和速度。

游戏来了
1. 准备一个软皮、弹力适中、个头比足球小点的皮球,表面有"刺"突出的更好。
2. 在宽敞的房间或室外空地上,爸爸妈妈将球往地上投掷,待球弹起来时让宝宝用双手去接。也可以由宝宝自己把球投掷出去,爸爸妈妈来接。
3. 过一段时间,可根据宝宝的熟练程度加大距离,还可以有意识地将球扔向距宝宝有一定距离的左方或右方,让他转动身体去接球。

注意要点
爸爸妈妈第一次扔球时,最好扔在宝宝的肩膀和膝盖之间,过高或过低会增加接球的难度。球的充气量要适中,发球的速度不要太快,以免打疼宝宝。

模仿小动物

益智点

训练宝宝肢体动作的协调性。

游戏来了

1. 妈妈做示范动作，让宝宝学小兔子跳：两手放在头两侧，模仿兔子耳朵，双脚合并向前跳。
2. 学大象走：身体向前倾，两臂下垂，两手五指相扣，两手左右摇摆模仿大象的鼻子，向前行进。
3. 学小鸟飞：双臂侧平举，上下摆动，原地小步跑。

注意要点

这样的游戏能让宝宝的身体运动技能得到充分锻炼，还能让宝宝更快乐，所以要多鼓励宝宝做。

两只小象河边走，
扬起鼻子勾一勾，
好像两个好朋友，
见面都要握握手。

语言能力开发

宝宝1岁后,是正式开始学说话的年龄,这时,爸爸妈妈要根据宝宝的发育特点,结合具体事物和情景、动作,反复训练,并要有意识地训练宝宝说完整的话。

小鸭子这样叫

语言能力

理解能力

益智点

通过游戏让宝宝学会根据语言提示指出相应的事物,同时帮助他练习发音。

游戏来了

1. 准备一本小动物图画书和小鸭子的玩具。

2. 妈妈和宝宝一起看小动物的图画书,让宝宝指出什么动物在哪里,并教宝宝学小动物怎么叫。

3. 妈妈拿着小鸭子的玩具放在背后,对宝宝说:"看看这是什么?"然后,拿出来给宝宝看,问宝宝这个动物怎么叫。妈妈可以模仿鸭子的叫声,让宝宝模仿。

注意要点

宝宝如果看到鸭子很高兴地接过来,妈妈要及时引导宝宝学习鸭子叫。

数学逻辑能力开发

宝宝的记忆能力有了很大的发展，记忆的内容也能保存很长时间。宝宝能根据物品的用途来配对了，如水杯和水杯盖等。爸爸妈妈要根据宝宝认知能力的发展，进行合理的培养训练。

数字歌

数字认知能力
语言能力

益智点

在朗读儿歌时，加强宝宝对数字的认知和对图形的把握，提高宝宝的语言能力。

游戏来了

1. 在宝宝安静的时候，给他朗读《数字歌》。
2. 可以带着宝宝伸手指，如说到"1像铅笔会写字"的时候，可以伸1个手指。

注意要点

不要一次性灌输太多内容，也不要急功近利，否则，会适得其反，降低宝宝学习的兴趣。

1 2 3 4
5 6 7 8
9 10

1像铅笔会写字，2像小鸭水中游。
3像耳朵听声音，4像小旗迎风飘。
5像秤钩来买菜，6像哨子吹比赛。
7像镰刀来割草，8像麻花拧一拧。
9像蝌蚪尾巴摇，10像铅笔加鸡蛋。

空间能力开发

现在宝宝会自己搭积木,用棍子或者是其他的东西够比较远的物品,会自己用手翻书页。

转圆圈

空间感知能力

平衡能力

益智点

通过游戏锻炼宝宝的空间感知能力和身体的平衡能力。

游戏来了

在空间比较大的地方,妈妈抱着宝宝。妈妈开始念儿歌,并做出相应的动作:"妈妈笑一笑,宝宝笑一笑。妈妈摇一摇,宝宝摇一摇。妈妈转一圈,宝宝转一圈。"念到最后一句的时候,妈妈抱着宝宝在原地旋转一圈。

注意要点

妈妈做动作的时候,要先慢后快,反复进行几次,直到宝宝熟悉为止。

人际交往能力开发

现在宝宝能听从父母的命令做动作，可以将物品放回原处，也能同别人配合玩滚球的游戏。

叩叩叩，是谁呀

社交能力

语言能力

益智点

通过游戏教宝宝养成好习惯，培养宝宝的社交能力。

游戏来了

1. 宝宝在房间里，妈妈在外面"叩叩叩"地敲门。
2. 妈妈说："叩叩叩，我是妈妈，可以进去吗？"
3. 宝宝回答："好，请进！"
4. 接着角色互换，由宝宝来敲妈妈的房门试试看。

注意要点

爸爸妈妈要教宝宝有礼貌地和别人打招呼，表达自己希望沟通的意愿，鼓励宝宝多与同龄的小朋友一起玩。

自我认知能力开发

这时候的宝宝能分辨出什么能吃、什么不能吃。宝宝也能够分辨出物体的形状,所以宝宝可以把不同形状的积木插到不同的插孔中。

小手和小脚丫

自我认知能力

想象能力

益智点

宝宝从中可以感受到不同的形状和一一对应的关系,从而展开对自己小手和小脚的想象。

游戏来了

1. 将彩色纸铺在地上,让宝宝把两只小手或小脚放在彩纸上,用彩笔勾出轮廓。

2. 将彩纸按照这些轮廓剪下来。

3. 教宝宝用自己的小手和小脚去触碰剪下来的小手和小脚图案,看看哪个能对上。

注意要点

妈妈也可以把自己的手的轮廓剪下来,让宝宝观察大小。

自然认知能力开发

宝宝1岁后,认知能力的发展有了很大的飞跃。到了1岁半,能分辨狗和猫、卡车和公共汽车的差异。

踩影子

`自然认知能力`
`视觉能力`

益智点

让宝宝认识影子,提高宝宝对自然的认知能力。

游戏来了

在阳光明媚的日子里,带着宝宝到室外去活动,引导宝宝看自己或者是别人的影子。抱着宝宝做踩影子的动作,并给宝宝唱儿歌:"我在哪儿,你在哪儿,你是一个小尾巴。"

注意要点

在宝宝刚刚学习走路的时候做这个游戏,可以提高宝宝对走路的兴趣。

见此图标 微信扫码 手把手教你养育健康聪明好宝宝

学吃饭

益智点

培养宝宝正确使用餐具的能力和生活自理能力,锻炼宝宝的手部动作。

游戏来了

宝宝吃饭的时候,妈妈鼓励宝宝自己吃饭。可以在宝宝的碗中盛上小半碗饭菜,让宝宝自己吃,吃完可以再添一些。

注意要点

鼓励宝宝自己吃饱并且不剩饭,对于宝宝的进步要及时地表扬。

自我认知能力

自立能力

模仿创新能力开发

宝宝会学妈妈的咳嗽声；看见妈妈捂着疼痛的胃部，宝宝也会学着妈妈的样子，同时，还能模仿妈妈说话的内容、声音和妈妈的表情。

学涂鸦

想象能力
精细动作能力

益智点

培养宝宝涂鸦的兴趣，激发宝宝的想象力。

游戏来了

1. 在桌子上放一些纸和笔，让宝宝用笔在纸上自由地涂鸦。
2. 开始的时候纸张可以大些，以后可以逐渐变小。
3. 也可以为宝宝准备一个画架和画板，告诉宝宝想画画的时候就去画板上画。
4. 宝宝画好后可以问宝宝画的是什么，激发宝宝的想象力。

注意要点

为了避免宝宝将家里的任何地方都当成画板，妈妈要为宝宝涂鸦做好充分的准备，除了画板，还可以准备一面专门用来让宝宝涂鸦的墙壁，以满足宝宝涂鸦的需要。

1~1.5岁宝宝智能水平小测试

1. 比较铅笔、瓶子、盒子的高矮
   A. 会比 3 种   B. 会比 2 种   C. 会比 1 种   D. 不会比较

2. 踢球
   A.2 米   B.1.5 米   C.1 米   D.0.5 米

3. 从口袋中按命令摸出物品,宝宝能摸出
   A.5 种   B.4 种   C.3 种   D.2 种

4. 套圈,能套上一个圈的最远距离
   A.1 米   B.75 厘米   C.50 厘米   D.25 厘米

5. 分享好吃的东西时,宝宝会
   A. 分给 4 人   B. 分给 3 人   C. 分给 2 人   D. 只给自己

6. 上厕所
   A. 自己上厕所   B. 大人陪着去   C. 自己会坐便盆   D. 随意蹲下

7. 听名字拿出认识的水果,如香蕉、苹果、橘子、桃子、梨等
   A.5 种   B.4 种   C.3 种   D.2 种

8. 讲出水有哪些用途
   A. 讲 10 种   B. 讲 8 种   C. 讲 6 种   D. 讲 4 种

9. 自己放玩具上架,能放到原位上
   A.4 种   B.3 种   C.2 种   D.1 种

10. 打电话
    A. 说"哪位？找谁啊"　　　B. 说"哪位"
    C. 说"喂"　　　　　　　　D. 不会

11. 知道自己的名字和小朋友的名字
    A. 会叫 3 人　　B. 会叫 2 人　　C. 听懂自己的名字且会叫人
    D. 听懂自己的名字

12. 能点数自己一只手的手指
    A. 5 个　　　　B. 4 个　　　　C. 3 个　　　　D. 2 个

13. 宝宝会背诵儿歌
    A. 完整的一首　　B. 一首中的 3 句　　C. 一首中的 2 句　　D. 一首中的一句

题号	得分			
	A	B	C	D
1	10	7	4	0
2	10	5	3	2
3	10	5	3	0
4	10	8	7	0
5	10	5	3	0
6	10	8	5	0
7	10	5	3	0
8	10	7	3	0
9	10	8	3	0
10	10	8	3	0
11	10	8	5	0
12	10	5	3	0
13	10	8	5	0

结果分析

70 分以下

宝宝的智能发展未达到理想的水平，妈妈要多加训练。

70~110 分

宝宝的智能发展尚可，达到平均水平，若要提升宝宝的智能，妈妈要多加训练。

110 分以上

宝宝的智能发展非常棒，继续努力吧。

备注：本书中的智能测试评分方法仅供参考。测试的结果因人而异，若宝宝达不到平均水平，可重复测试，让宝宝多练习，相信能做得到。

第 2 章
1.5~2岁
行走自如的小淘气

我现在是一个大宝宝了，我会自己用杯子喝水，会用勺子吃饭，尽管有时候还不能掌握好，经常会将水洒出来或者把饭吃得满脸都是，但是，我很开心，自己动手做事真的很有意思。我现在能记住一些妈妈给我唱过的儿歌，还可以说出一些简单的句子。我现在可以认识好几种颜色，可以将不同颜色的玩具区分开来。妈妈给了我好多颜色鲜艳的橡皮泥，橡皮泥软软的，还能捏出各种形状，真的很神奇。我可高兴了，自己玩了好半天。

1.5～2岁宝宝的成长树

语言
- 宝宝会背诵几首完整的儿歌和唐诗了

大动作
- 宝宝走路变得更加娴熟，双脚靠得更近，步态更加稳了

精细动作
- 能搭高五六块积木

人际交往
- 宝宝开始知道故事中谁是好人，谁是坏人

感觉
- 宝宝会说出妈妈和自己的名字

🔖 宝宝的基本生长发育

项　目	男宝宝	女宝宝
身高（厘米）	81.6～95.8	80.5～94.3
体重（千克）	10.1～15.7	9.6～14.9

🔖 妈妈育儿指南

❶ 控制宝宝吃零食，避免其偏食。不宜多吃巧克力、糖果和太甜太油腻的糕点。

❷ 培养宝宝爱劳动的生活习惯，如学习穿脱衣服和用勺吃饭等。

❸ 养成良好的进餐习惯，定时、定点、定规矩，按照食谱安排宝宝每天的饮食。

❹ 培养宝宝等待和忍耐的品行，用"延迟满足"的方法进行锻炼。

❺ 教宝宝学习折纸、穿珠子、拆装玩具、捏橡皮泥、用棍取物等。

❻ 跟宝宝玩"过家家"，训练宝宝跑、跳、攀登、掷球、双足跳动等。

❼ 教宝宝认识圆形、方形、三角形等。

❽ 教宝宝给扑克牌分类，认识一种颜色，让宝宝了解对应关系，会配对。

❾ 爸爸妈妈要预防宝宝发生外伤，学会意外伤害的急救方法。

❿ 这段时期也是宝宝语言能力发展的关键期，要鼓励宝宝多说话。

⓫ 训练宝宝看图讲故事，回答问题，复述见闻。

⓬ 宝宝进入了第一个反抗期，家长要注意宝宝良好个性的培养。

扫码获取
❋ 婴儿护理
❋ 饮食喂养
❋ 科学早教
❋ 育儿贴士

读懂 1.5 ~ 2 岁宝宝，选择合适的玩具与游戏

认识 1.5 ~ 2 岁宝宝

"脏兮兮"的探险家

宝宝现在的探索欲很强，在公共场所，总是喜欢乱摸东西，小手、小脸和衣服也总是脏兮兮的。水池是宝宝常喜欢去的地方，只要有机会就会去玩水。生锈的铁链也会让宝宝非常感兴趣。在宝宝的世界中，是没有"脏"的概念的。

爸爸妈妈不要因为怕弄脏就阻止宝宝的探索行为，脏了手洗干净就可以了，重要的是要让宝宝自己在玩中学会观察和思考，比如，沙子是一粒一粒的，水是可以流动的，石头是硬的，这些如果宝宝自己不亲身感受，他怎么能够知道呢？

大动作能力特点和训练

宝宝现在运动能力很强，尤其喜欢追着别人玩，也喜欢被别人追着玩。现在宝宝不但走路自如，扶着栏杆能够上下楼梯，还可以连续跑 5 ~ 6 米。宝宝这个时候还可以双脚连续跳，可以在爸爸妈妈的保护下，在小攀登架上下 2 层，可以迈过 8 ~ 10 厘米高的障碍，钻过直径六七十厘米的圆圈，知道先低头、弯腰、再迈腿。

语言能力特点及训练

宝宝在 1.5 ~ 2 岁的时候，是语言发展从"被动"转向"主动"的活动时期。宝宝在这个时期，最大的语言特点是学会说简单的句子，一般由 3 ~ 5 个字组成，语句结构多为名词和动词组成，比如，"妈妈吃饭""爸爸再见"。有时候语句不完整，句子中只有谓语和宾语，如"拿糖糖"，有的时候句子成分会前后颠倒，如"糖糖没有"。

可以教宝宝记住爸爸妈妈的名字，但是，在一般情况下，要让宝宝称呼爸爸妈妈，不可以直呼名字。平时教宝宝认识一些物品的功能用途。先从宝宝熟悉的物品开始，比如，勺子是用来吃饭的，杯子是用来喝水的。

运动能力开发

快到2周岁的宝宝,随着自己能够独立走路,就不会让爸爸妈妈过多干预他的运动了。这时的宝宝可以用脚尖行走数步,脚跟部着地了,能用手扶栏杆熟练地上三个阶梯以上。宝宝喜欢爬高,喜欢爬上小椅子或小桌子等。

找亮光

大动作能力

反应能力

益智点

训练宝宝动作的敏捷性、身体的灵活性及反应能力。

游戏来了

1. 准备一面小镜子。
2. 在天气晴朗时,选择比较空旷的场地。
3. 父母用小镜子对准太阳,将亮光反射在地面上。
4. 让宝宝去捕捉亮光,并用脚踩踏照在地上的亮光。
5. 开始时,移动的幅度不要太大,待宝宝反应较快时再加大幅度。
6. 还可以和宝宝玩互相踩影子的游戏。

注意要点

不要用光照射宝宝的眼睛。父母可以不断变换方位,锻炼宝宝的反应能力。

语言能力开发

1.5~2岁的宝宝进入了学习语言的新阶段。在这一时期,宝宝一步步地把语言和具体事物结合起来,开始说出许多有意义的词,语言发展较快的宝宝已经能说短句了,如"爸爸再见""爷爷奶奶好"等。

学识字卡片

记忆能力
理解能力

益智点

将不同字音、字形印入宝宝脑海,同时将字形和字音联系起来,并促进宝宝的视觉和大脑发育。

游戏来了

1. 准备一些正面有字、反面有图的识字卡片,如"娃娃""糖果盒""自行车"等。做正卡、副卡两套。
2. 妈妈读字,鼓励宝宝走过去把字拿过来,先取正卡的字,再到另一处取副卡。
3. 妈妈接着读字,鼓励宝宝将取过来的字放回原位,先放正卡上的字,再放副卡上的字。

注意要点

妈妈在给宝宝做识字卡片时,字要大,可以用废旧挂历裁成长20厘米宽10厘米的纸条,对折成正方形,可双面写字,这样的卡片既能摆又能挂。

宝宝的冰箱宝藏

认知能力
词汇运用能力

益智点

锻炼宝宝的认知能力，培养宝宝运用词汇的能力。

游戏来了

1. 准备一个长纸盒，将它改装成冰箱。
2. 在冰箱里放上各种水果、蔬菜、牛奶、糖果等，让宝宝打开冰箱取里边的食物，每次只能拿一件，并让宝宝说出所拿物品的名字。

注意要点

冰箱中要放宝宝熟悉的东西，这样宝宝可以准确地说出物品的名称，会增强自信心。

数学逻辑能力开发

这个时期的宝宝对图形、色彩、分类等与数学相关的概念掌握得更好了。这时候，对宝宝进行数学启蒙教育要特别注重培养兴趣，最好能采用游戏的方法，在日常生活中要渗透数学教育。

哪个碗里花生多

数字认知能力

逻辑能力

益智点

让宝宝比较多少，锻炼宝宝的数学逻辑思维能力。

游戏来了

1. 妈妈先准备好两个干净的小碗和一些花生。
2. 将花生放入两个小碗里，一个碗里放入5颗，另一个碗里放入3颗。
3. 妈妈让宝宝观察两个碗里花生的数量，问宝宝："你看两个碗里的花生一样多吗？你想要哪个小碗里的花生呢？"
4. 当宝宝做出回答后，妈妈再重新分配花生，继续进行游戏。

注意要点

这个游戏也可以让宝宝来分花生，妈妈来挑碗。

爸爸妈妈看过来

这个时期，宝宝的逻辑思维能力在不断提高，对于图形、色彩、分类等与数学相关的概念理解更加深刻。

人际交往能力开发

宝宝到 1.5 岁，能说 50 个词了，词汇量大幅增长。这时，宝宝开始把词连成句子，而且理解能力远远超出表达能力。到了 2 岁，就能听懂一些简单指令。这时候的宝宝要多与人交往，爸爸妈妈要让宝宝初步懂得与人交往的是非概念。

吹泡泡

社交能力
反应能力
语言能力

益智点

增强宝宝与人沟通的兴趣，提高宝宝对相应词语的理解能力和反应能力。

游戏来了

1. 节假日或下班后，带着宝宝到户外和其他小朋友一起做游戏。
2. 妈妈和宝宝手拉手站着，围成一个圈。
3. 妈妈口中发指令："吹泡泡，吹泡泡，吹了一个小泡泡。"然后，拉着宝宝的小手向前，让圈变小，还可以吹出"大""高""矮""会跑""会跳"的泡泡。

注意要点

多让宝宝和其他小朋友互动，锻炼宝宝与人沟通的能力。

音乐能力开发

现在宝宝能够记住一些歌曲的3~4段前奏。

学唱一首歌

听觉能力
想象能力

益智点

学习唱歌的过程，可以丰富宝宝的听觉想象能力，提高宝宝的音乐感知能力。

游戏来了

先让宝宝听一首完整的儿歌，然后妈妈一句一句教宝宝来唱这首歌，比如学唱《小星星》。当宝宝学会之后，妈妈和宝宝一边唱一边做动作。妈妈还可以唱上一句，让宝宝唱下一句。

注意要点

选择的歌曲要旋律简单、歌词押韵，这样宝宝学起来会更快。

自我认知能力开发

对于自己的身体有了认识,学会了如何保持身体的平衡。

小宝宝遵命

理解能力
自我控制能力

益智点

通过语言来调整宝宝的行为动作,让宝宝养成良好的生活习惯。

游戏来了

给宝宝一些简单的指示,比如,告诉宝宝:"吃饭前,洗洗手。""吃完饭,擦擦嘴。""将垃圾扔到垃圾桶。""给爸爸东西。"宝宝做完后,要及时给予鼓励。

注意要点

如果宝宝没有按照指令去做,就要教宝宝去做,不能轻易放弃,一定要让宝宝按照指令去完成任务。

见此图标 微信扫码 手把手教你养育健康聪明好宝宝

自然认知能力开发

宝宝逐渐熟悉一些气象的知识,能够认识晴天和阴天。

认识气象

自然认知能力
记忆能力

益智点

帮助宝宝认识各种天气现象,提高宝宝对自然的认知能力。

游戏来了

准备一些表示气象的图片,比如,晴天、下雨、下雪、刮风等,然后拿给宝宝看。

告诉宝宝有太阳的图片是晴天,可以看到蓝蓝的天;有很多云的图片代表阴天,看不到太阳;有雨的图片代表下雨,这个时候出门要打伞,要不就会被淋湿。

注意要点

形容天气的时候,要多给宝宝讲解一下不同天气的特点,让宝宝有更具体的认识;也可以在不同的天气里带着宝宝到户外去感受一下。

爸爸妈妈看过来

宝宝现在已经可以区分晴天和阴天了,如果每次天气的变化爸爸妈妈都能给予及时的讲解,那么,宝宝对自然界的知识了解得就会更多。

感觉能力开发

这个阶段的宝宝喜欢看图画，听爸爸妈妈讲故事。爸爸妈妈要借机培养宝宝阅读和听故事的兴趣，通过故事的形式对宝宝进行文化教育。

摸一摸，是什么

`触觉能力`
`分析能力`

益智点

通过游戏锻炼宝宝的触觉能力，提高宝宝的分析判断能力。

游戏来了

1. 准备一些宝宝熟悉的餐具，比如小勺子、小碗、小杯子、小盘子、奶瓶等，让宝宝分别说出它们的名称，再将这些物品都放进袋子中。

2. 让宝宝将手伸进袋子中摸出一件物品，说出物品的名称，然后拿出来看看对不对。接着妈妈来摸，说出是什么物品。

3. 宝宝根据妈妈的指令从袋子中摸出指定的物品，然后是妈妈听宝宝的指令摸出指定物品。

注意要点

如果宝宝没有说对也不要责备，可以改让妈妈来摸，再换成宝宝来摸，帮助宝宝说对物品的名称。

模仿创新能力开发

宝宝喜欢尝试自己拉着玩具走来走去,听着玩具发出的不同声音,想象着玩具的动作,玩得不亦乐乎。

橡皮泥魔术师

创新能力

形象思维能力

益智点

宝宝通过自己制作东西,提高自身的创新能力和形象思维能力。

游戏来了

准备几块色彩鲜艳的橡皮泥、一本图画书,从图画书中找几种简单的图形,妈妈做示范给宝宝捏出来。指导宝宝也捏一个出来。还可以从书中找出几种小动物,引导宝宝来捏。

注意要点

找到的图形一定要比较简单,容易捏出来,这样可以增强宝宝的兴趣。

1.5~2岁宝宝智能水平小测试

1. 自己唱歌
   A. 宝宝会唱几句或全首自己喜欢的歌曲   B. 会唱几句自己喜欢的歌曲

2. 能否记得他所喜欢的曲调和歌名
   A. 能   B. 不能

3. 善于发现生活中简单的"乐器"
   A. 是   B. 不是

4. 走路边石和平衡木
   A. 能   B. 不能

5. 玩水、玩沙时
   A. 会用手泼水或用塑料小碗装满水倒来倒去，能用铲子铲土装进桶里
   B. 需要大人的帮助才能玩

6. 说出自己或家长的姓名
   A. 能说出自己的姓名、爸爸妈妈以及身边亲人的姓名
   B. 会说自己的姓名和爸爸妈妈的姓名   C. 只会说自己的姓名

7. 跟着大人学话、唱歌、说歌谣，并且爱重复结尾语句
   A. 能   B. 不能

8. 数数
   A. 能数到30或40，能点着物品数到10
   B. 能数到10或20，能点着物品数到5

9. 逻辑思维能力增强，连续做三件事情
   A. 会把内衣拿出来，再把毛巾放在内衣上，一只手提着拖鞋，一次完成
   B. 一手拿内衣，另一手拿拖鞋，东西放好后再回去拿毛巾
   C. 一回只拿一样东西

10. 能表现出内隐情绪，如骄傲、害羞等
    A. 能　　　　　　B. 不能

11. 能说出人物的职业和称呼
    A. 能自己说出　　B. 靠家长的指导

12. 已经学习与人相处的规则
    A. 在交往中有所体现　　　　　B. 在交往中没有体现

题号	得分		
	A	B	C
1	10	5	
2	10	0	
3	10	0	
4	10	2	
5	10	5	
6	10	8	5
7	10	2	
8	12	2	
9	10	8	5
10	10	2	
11	10	5	
12	10	2	

结果分析

70分以下

宝宝的智能发展未达到理想的水平，妈妈要多加训练。

70～110分

宝宝的智能发展尚可，达到平均水平，若要提升宝宝的智能，妈妈要多加训练。

110分以上

宝宝的智能发展非常棒，继续努力吧。

备注：本书中的智能测试评分方法仅供参考。测试的结果因人而异，若宝宝达不到平均水平，可重复测试，让宝宝多练习，相信能做得到。

第 3 章
2~3岁
小小年纪闹"独立"

现在我对外面的世界非常好奇，喜欢问妈妈各种各样的问题，有时候妈妈会被我的问题弄得一直笑，有时候妈妈也会回答不出我的问题。原来大人也有不懂的事情啊。我喜欢吃完饭后帮着妈妈收拾碗筷，尽管现在我的个头还够不到洗碗池。我还会自己把玩具放进收纳箱。爸爸不在家的时候，我会给爸爸打电话，告诉爸爸我很想他，在旁边的妈妈听到我说的话一直在笑呢。我学会了自己刷牙、系扣子，现在我已经成为一个自理能力很强的小大人了。

2~3岁宝宝的成长树

语言
- 宝宝会背诵几首完整的儿歌和唐诗了

大动作
- 宝宝能在坡路上走得很好,也不怕在沙上行走。走路时,也能做其他的事情,如甩手、讲话以及观看周围的事物等
- 宝宝已经具备了良好的平衡能力,并会拍球、抓球和滚球了

精细动作
- 会自己系扣子,会玩"包剪锤"游戏,还会刷牙

人际交往
- 喜欢观察和模仿爸爸妈妈的动作

逻辑思维能力
- 宝宝的因果关系理解力有进步了,对上发条的玩具和开关等设备更加感兴趣了

宝宝的基本生长发育

项目	男宝宝	女宝宝
身高（厘米）	90.0 ~ 105.3	88.9 ~ 104.1
体重（千克）	11.8 ~ 18.4	11.4 ~ 17.8

妈妈育儿指南

1. 让宝宝自己定时定点吃饭，饭前饭后洗手，玩玩具后自己收拾好，养成良好的生活习惯。
2. 鼓励宝宝跑、跳、上下楼梯、滑滑梯、荡秋千、金鸡独立、骑三轮车等，以增强体质，促进协调发展。
3. 有计划地开展玩泥塑、拼插造型、涂涂画画、摆弄积木等活动，来促进宝宝手、眼、脑的协调性，开发创造性思维。
4. 培养宝宝的观察能力，如认识事物、学习和同伴分享玩具和食品等。
5. 让宝宝理解前后、左右、多少、长短、高矮、快慢等概念。
6. 给宝宝讲个故事，学习其中的关键汉字，开展"汉字游戏"。
7. 让宝宝学会自我介绍：如名字、年龄、性别，会说出爸爸、妈妈的名字等。
8. 培养宝宝的独立意识、自尊心、自信心、同情心以及自控能力。
9. 鼓励宝宝广交伙伴，学习与人交往，促进语言能力的发展。
10. 培养宝宝守规矩、懂礼貌的品格。

* 婴儿护理
* 饮食喂养
* 科学早教
* 育儿贴士

扫码获取

读懂 2～3 岁宝宝，选择合适的玩具与游戏

认识 2～3 岁宝宝

不知疲倦，不停地活动

在这个时期，宝宝学会了奔跑，能用左右脚踢球，而且能抓住栏杆上下台阶。不仅如此，宝宝还能玩"剪刀、石头、布"的游戏。现在宝宝走路的步幅变小了，走起路来非常稳。

语言能力飞速提高

在这个时期，宝宝运用词汇和造句的能力快速提升，成天叽叽喳喳地说话。但由于掌握的词汇量比较少，表达能力较差，还不能正确地表达自己的想法。妈妈应该耐心地听宝宝说话，然后用正确、完整的句子回答。

数学思维能力特点及训练

现在宝宝到了计数能力发展的关键时期，爸爸妈妈在生活中要多对宝宝进行"数量与数字的积累"的教育。可以在和宝宝一起走路的时候，一边走，一边说："1步，2步，3步……"也可以数生活中一切能数的东西，培养其对数与量的理解能力。

适合 2～3 岁宝宝的玩具与游戏

这个时期的宝宝已经有了简单的逻辑思考能力，可以自己了解数目、概念和工作的架构。爸爸妈妈会发现宝宝这个时候对待事情都特别认真，对自己感兴趣的事情都会追根究底，这个时候可以给宝宝一些益智的拼图玩具或者是拆装的玩具，让宝宝充分发挥自己的想象力。

妈妈可以给宝宝一张白纸，教宝宝用胶棒把撕碎的纸一片一片粘贴起来，可以让宝宝自己随意粘贴成各种图案。等宝宝熟练了之后，妈妈可以先画好一个图案，让宝宝在规定的范围内粘贴。

妈妈还可以找两个一模一样的纸盒，其中一个盒子放入一件玩具，教宝宝抱一抱或者摇晃纸盒，通过纸盒的不同重量和发出的声音，让宝宝判断哪个纸盒里有玩具，哪个纸盒是空的。

运动能力开发

2～3岁的宝宝，运动能力已经非常强了，具有良好的平衡能力，并会拍球、抓球和滚球了。由于这个时期宝宝的运动量较大，肌肉也结实、有弹性了。

投球

大动作能力

身体控制能力

益智点

通过这个游戏能训练宝宝手臂的力量和敏捷性，还能增进爸爸妈妈和宝宝间的亲子感情。

游戏来了

1. 爸爸妈妈首先给宝宝做个示范。
2. 让宝宝使出全身力气往墙壁投出一球。
3. 再让宝宝跑去接反弹回来的球。
4. 虽然刚开始球会四处弹跳，但是，经过多次练习后，宝宝就能够控制方向了。

注意要点

不要让宝宝的手臂使用过度，要安排适当的游戏时间。另外，家长也可以拿一个垫子，模拟墙壁，让宝宝来投球，这样可以加强亲子互动噢！

语言能力开发

这一时期的宝宝发音的准确性有待提高。平时,父母要注意训练、培养宝宝发音的方式与技巧,随着宝宝成长和大人不断进行正确引导,宝宝的发音就会逐渐准确。

明星秀

语言能力
社交能力

益智点

锻炼宝宝的社会交往能力和语言能力。

游戏来了

1. 妈妈和宝宝一起看一小段动画片或广告,然后和宝宝一起讨论电视里看到的画面。

2. 妈妈要鼓励并引导宝宝把动画片或广告中的主要情节表演出来,宝宝表演完后,妈妈要用掌声给予宝宝鼓励,不要打击宝宝的积极性。

3. 也可以办一个小型的家庭模仿秀,让家庭中的成员,一起模仿画面中的人物进行比赛。

4. 或者分别扮演不同的角色进行对话,最后选宝宝为"明星"宝宝,并奖给宝宝一个心爱的玩具。

注意要点

通过表演,能锻炼宝宝的社会交往能力和语言能力,能让宝宝熟练使用各种生活语言,妈妈要鼓励宝宝多做。

数学逻辑能力开发

2～3岁这个年龄段是宝宝计数能力发展的关键期，爸爸妈妈在生活中要多对宝宝进行"数量与数字的累积"教育，也可以让宝宝数生活中一切能数的东西，培养宝宝对数与量的理解能力。

点数

数字认知能力

逻辑思维能力

益智点

让宝宝懂得简单的数量关系。

游戏来了

1. 妈妈可以准备不同的水果。
2. 宝宝把水果放入框中计数一个。

注意要点

在这个游戏中，除了苹果，还可以用香蕉、桃子、番茄等来教宝宝认数。

空间能力开发

2岁多的宝宝知道用缆车送玩具，还会玩跷跷板，可以理解相反的方位，并知道如何划分方位。

分辨前后

空间感知能力

益智点

锻炼宝宝的空间方位感。

游戏来了

1. 爸爸妈妈（或者其他亲友）和宝宝一起来玩游戏。妈妈站在最前面，宝宝站在中间，爸爸站在最后面。

2. 妈妈问："宝宝，你的前面是谁？"引导宝宝回答："是妈妈。"爸爸再问宝宝："你的后面是谁？"引导宝宝回答："是爸爸。"

3. 爸爸和妈妈换一下位置，再问宝宝，看宝宝能否正确回答。

注意要点

为了锻炼宝宝的空间认知和想象能力，还可以改变宝宝经常走的路线。比如，没有走过的街道，周围的景物全是陌生的，能促进宝宝大脑的发育。

人际交往能力开发

3岁的宝宝变得更独立了,也更能接纳别人了,能和别的宝宝建立起友谊。这时,宝宝有了自己的思维,并且能通过大人间的对话,开始模仿学习。宝宝感知事物的能力也进一步增强了。

大家一起玩

社交能力
认知能力

益智点

让宝宝提升社交能力,交到朋友,在游戏中培养彼此的默契。

游戏来了

1. 爸爸妈妈带着宝宝到有同龄宝宝的邻居家串门。

2. 让宝宝们一起玩游戏,如盖房子、拍手、拉大锯等,鼓励宝宝与同伴一起玩耍。

3. 给宝宝们相同的玩具,避免他们争夺。

4. 在玩游戏的过程中,当一个宝宝做一种动作或发出一种叫声时,另一个宝宝会立刻模仿,然后互相笑笑,这样可增加亲密感。

注意要点

协同游戏是这一时期最好的游戏方式,爸爸妈妈要想办法为宝宝创造这种一起玩的条件。

音乐能力开发

2~3岁的宝宝都热衷于音乐创造,如摇椅子、拍小手、敲打玩具和跳舞等,喜欢创造自己的节奏和旋律,并乐此不疲。涂鸦绘画能带给宝宝丰富的感官体验,刺激宝宝思维能力的发展。

火车开了

音乐能力
听觉能力

益智点

锻炼宝宝的听觉能力,游戏过程中通过有序的节奏培养宝宝的乐感。

游戏来了

准备一段模仿火车节奏的音乐和一个小凳子,妈妈引导宝宝模仿火车的声音:"咔嚓,咔嚓,呜——"妈妈一边和宝宝做游戏,一边唱儿歌:"小板凳摆一排,我和宝宝坐上来,我当司机把车开,我的火车跑得快。"

注意要点

妈妈要根据音乐的节奏来和宝宝一起做动作,让宝宝身体的动作和音乐的节奏一致。

自我认知能力开发

3岁的宝宝独立能力更强了,能认识自己的身体,会进行一些简单的扣扣子的动作。

学穿、脱衣服

`自理能力`
`身体协调能力`

益智点

既可锻炼宝宝小肌肉群的灵活性,又能培养宝宝的自理能力。

游戏来了

1. 宝宝穿对襟开的衣服时,鼓励宝宝自己将两只手放到袖子中。
2. 让宝宝认识一个扣子对准一个扣眼,教宝宝先将一半扣子塞到扣眼里,再把另一半扣子拉过来。
3. 让宝宝反复多做几次,并在旁边及时纠正不正确的动作。
4. 给宝宝脱小背心时,鼓励宝宝伸高双手,方便脱下来。

注意要点

如果宝宝扣错扣子了,就拉着宝宝站到镜子面前,让他看看歪歪扭扭的扣子,并指导他进行自我纠正。

自然认知能力开发

现在的宝宝对大自然的事物非常感兴趣，喜欢观察植物发芽的过程。

认识早和晚

自然认知能力

理解能力

益智点

培养宝宝对早和晚的认知能力，帮助宝宝初步建立时间概念。

游戏来了

1. 妈妈要准备"早晨""晚上"两张卡片：早上活动，起床、洗漱、晨练；晚上活动，看电视、睡觉。

2. 妈妈出示起床、洗漱、晨练的图片，待宝宝观察后，问他："这是什么时候？"

3. 妈妈出示全家人看电视、哄宝宝睡觉的图片，待宝宝认真观察后，问他："这是什么时候？"

4. 最后，妈妈手拿图片，并问："宝宝，天亮了，要起床了，是什么时候？"让宝宝回答："早上。"

5. 妈妈继续提问："月亮出来了，妈妈要哄宝宝睡觉了，是什么时候呢？"让宝宝回答："晚上。"

注意要点

妈妈还可以在相应的时间段中，利用文字或图片，帮助宝宝记录家人的行为。

感觉能力开发

3岁的宝宝视觉记忆能力和听觉记忆能力都很强，能够记住快速在眼前闪过的东西，听几遍歌曲后，能够学会唱一些片段。

声音哪里来

听觉能力
观察能力

益智点

这个游戏能提高宝宝的听觉灵敏度，提高宝宝的注意力、观察能力和听觉能力。

游戏来了

将音乐玩具打开，藏在房间的某个地方，把宝宝带到房间，让他仔细辨别声音的出处，然后寻找玩具。宝宝找到玩具后要夸奖宝宝。再把另一种能够发声的玩具藏起来让宝宝找。等宝宝熟悉音乐玩具的声音后，可以同时藏两件玩具，并让宝宝找出其中的一件。

注意要点

玩具的声音要清脆，容易辨别，藏的地方也要方便宝宝找到。

模仿创新能力开发

快到3岁的宝宝开始有分析和综合的能力,开始有思维,能按照物品的用途将其分类。

火柴塔

创新能力
动手能力

益智点

提高宝宝的创新能力,锻炼宝宝的动手能力,也能培养宝宝的专注力和耐心。

游戏来了

准备一盒火柴和一块橡皮泥,妈妈和宝宝一起用橡皮泥连接火柴棒,把它们拼成一个三角形的塔。教宝宝自己动手连接。

等宝宝学会后,妈妈和宝宝一起比赛,看谁连起来的塔更高,看谁连得更快。

注意要点

要尽量多引导宝宝自己动手做,并要及时鼓励宝宝。

图形娃娃

创新能力
语言表达能力

益智点

让宝宝在图形上添加不同的表情，可以激发宝宝的创造性思维，同时也能培养宝宝的动手能力。

游戏来了

妈妈先画出几个不同的几何图形，如圆形、正方形、三角形等，然后在各个图形上画表情。引导宝宝在不同的图形上画表情。

注意要点

宝宝画不出来时，妈妈可以在旁边进行指导，但尽量让宝宝自己来发挥。

2~3岁宝宝智能水平小测试

1. 对于需要表情和表演的歌曲，宝宝的表现是
   A. 唱歌时表情准确丰富，表演自如　　B. 表情略显刻板，表演略显笨拙
   C. 没有表情，唱歌也没有曲调

2. 当妈妈唱出某句儿歌的歌词时，宝宝会怎么样
   A. 马上接出下一句　　B. 有时候会接出来，有时需要妈妈提醒

3. 宝宝是否能进行简单的跳绳、排球等活动
   A. 是的，而且很熟练　　B. 可以玩，不够熟练，但很有兴趣
   C. 可以玩，但不大感兴趣

4. 宝宝能否自己穿衣服和鞋子，而且能按顺序穿
   A. 可以，能熟练地扣好扣子并系好鞋带
   B. 可以，但扣扣子和系鞋带需要人帮忙

5. 宝宝在叙述一件事情的时候，情况如何
   A. 会用一些修饰语，能把事件陈述完整
   B. 能把事情说清楚，但不会用修饰语

6. 宝宝能否用语言表达自己的意思
   A. 能，而且表达得很清晰、生动　　B. 能，但有时候讲不清楚

7. 当遇到问题时，宝宝的表现怎样
   A. 会自己想办法解决，喜欢动脑筋
   B. 自己思考一会儿，但很快找大人帮忙
   C. 不愿自己解决，遇到问题就找大人帮忙

8. 吃饭时，给宝宝一双专用筷子
   A. 宝宝能用筷子吃饭，只是不太熟练
   B. 即使爸爸妈妈教了半天，宝宝也还是不能掌握用筷子的要领

9. 宝宝自己整理玩具和物品
   A. 经常　　　　B. 较多　　　　C. 较少　　　　D. 从不

10. 在竞赛类训练中，宝宝的取胜信心如何
    A. 很足　　　　B. 比较足　　　C. 不太足　　　D. 没有

11. 宝宝是否愿意把自己最喜欢的玩具带到幼儿园
    A. 经常带　　　B. 有时候会　　C. 很少带

12. 能准确、清晰地辨别所有方向，如前后、左右、上下等。
    A. 是　　　　　B. 有时候会分辨不清

题号	得分			
	A	B	C	D
1	10	5	2	
2	10	5		
3	10	5	4	
4	10	5		
5	10	5		
6	10	5		
7	10	5	2	
8	10	2		
9	10	6	2	0
10	10	7	2	0
11	10	5	2	
12	10	5		

结果分析

70分以下

宝宝的智能发展未达到理想的水平，妈妈要多加训练。

70～110分

宝宝的智能发展尚可，达到平均水平，若要提升宝宝的智能，妈妈要多加训练。

110分以上

宝宝的智能发展非常棒，继续努力吧。

备注：本书中的智能测试评分方法仅供参考。测试的结果因人而异，若宝宝达不到平均水平，可重复测试，让宝宝多练习，相信能做得到。

附录

0~3岁宝宝智能发育水平对照表

	运动	语言	数学逻辑	空间感知
1个月	• 俯卧时头能微微抬起来 • 双手扶着宝宝上臂，头能竖直2秒以上 • 宝宝的手经常握成小拳头	• 与宝宝说话，宝宝会用细小的喉音回应	• 数学能力表现微弱	• 能对快速移动的物体做出反应，还没有空间的概念
2个月	• 宝宝直立位及俯卧位时能抬头，俯卧抬头能离开床面30秒 • 用带柄的玩具碰宝宝手时，宝宝能握住玩具柄2~3秒	• 宝宝会跟随声音呀呀出声，听见熟人的声音或轻柔的声音会止哭，能发出和谐的喉音	• 数学能力发展还处于萌芽状态，还不能理解抽象的数学概念	• 对空间仍然没有形成概念
3个月	• 抬头时，下巴能离开床面5~7.5厘米 • 扶坐时，头能竖起，但微微有些摇晃，并向前倾 • 经常把手放到嘴里吸吮 • 双手能在胸前互握	• 有时能发出2个音节的音	• 能分辨简单的形状和大小	• 对空间中的一些物体开始产生兴趣
4个月	• 当给宝宝盖薄被子时，宝宝双臂会上下活动 • 扶着髋部时能坐，或在俯卧位时能用两手支撑抬起胸部 • 喂奶时，宝宝会将双手放在母亲乳房或奶瓶上 • 手能握持玩具了	• 会用微笑谈话，会发出"啊、噢、哦"的元音	• 数学能力还处于萌芽状态，不能理解抽象的数学概念，但可以用感官了解和体验数学	• 开始对物体有了整体的知觉，能把部分被遮挡的物体视为同一物体，能分辨自己所在位置的高低
5个月	• 抱住宝宝腋窝，他会站立，而且身体会上下蹲动，两脚还会做轮流踏步的动作 • 常用大拇指与食指抓物，手掌能稍微翻转	• 看到熟悉的食物时，能发出咿咿呀呀的声音，还会对自己或玩具"说话"	• 开始认识"大""小"的概念 • 通过自己的体验，明白因果关系	• 空间能力进一步提高

人际交往	认知	感觉	模仿创新
• 会以哭笑表达自己的情绪 • 用各种方法逗宝宝，宝宝会笑	• 认知能力很弱	• 会以眼睛跟踪，追看他身边的人 • 将物体放在宝宝正面20厘米处，宝宝能注视7秒以上	• 可以模仿妈妈伸舌头、张嘴
• 自己会表示兴奋、苦恼、高兴，并能以吸吮方式使自己安静下来	• 认知能力很弱	• 宝宝听见某种声音会有所反应	• 会简单模仿
• 宝宝见人就笑，笑的次数与日俱增	• 宝宝看到喜欢的物体时，会很兴奋，如呼吸加重、四肢用力等	• 抱着宝宝来到桌边，然后把醒目的玩具放在桌子上，宝宝很快就能注意到玩具 • 在不同的方向发出声音，宝宝会转头寻找	• 模仿能力增强，可以模仿妈妈简单的表情
• 能自发地发出笑声，也会对大人的逗引做出反应 • 照镜子时，宝宝会注意到镜子中自己的影像，还会对着镜中的自己微笑、说话，开始对人有反应	• 能挑出自己喜欢的玩具，开始认物了 • 能区分男声与女声	• 能倾听音乐，并且对音乐表现出愉快的情绪，而对激烈的声音会表现出不快 • 对颜色开始有分辨能力了，对红色最敏感，其次是黄色	• 可以简单模仿
• 听到熟悉的人说话就高兴，会微笑，甚至大笑	• 能区分陌生人和熟人 • 会注意镜子中的自己	• 视觉与触觉的协调能力发展起来了，看到什么东西都想摸	• 会模仿别人的表情，模仿时会皱起眉头，或对着人脸微笑

	运动	语言	数学逻辑	空间感知
6个月	• 平躺时能熟练地从仰卧位翻滚成俯卧位 • 扶着腰部让宝宝站立，他能上下蹦跳 • 会自己用手拿开盖在脸上的衣服	• 处在语言能力发展的第二个阶段，也是连续发音的阶段，这时候宝宝的语言特点是重复语句	• 在宝宝面前摆放三块积木，当他拿到第一块后，开始伸手想拿第二块，并注视着第三块	• 妈妈放纸飞机时，宝宝的目光会追随飞机飞行的路线
7个月	• 会连续翻滚了，并且能独坐很久 • 被拉着站起时，腿会保持直挺，能站立片刻 • 能将玩具从一只手换入另一只手	• 能发"爸爸""妈妈"等复音，但无意识	• 会辨别新鲜和非新鲜事物	• 会有意识地寻找丢失的玩具，对物体恒存概念有了一定的理解
8个月	• 开始爬行，有时候还能扶着物体站起来 • 可以自己坐起来，头还是向前倾，但可以用手臂支撑 • 喜欢用食指抠洞或按遥控器、手机的键盘	• 能自然地发出各种声音	• 将玩具用布盖住大半部分，宝宝能找到	• 喜欢上下、左右等不同方位的身体变换游戏
9个月	• 开始用膝盖爬行，动作比较流畅 • 能扶着物体站起来，站起来还会自己蹲下，少数宝宝会扶着家具或侧墙走动 • 能拿着奶瓶喝奶，奶瓶掉了也会自己捡起来	• 知道自己的名字，叫他名字时他会答应 • 能发出"妈~""爸~""大~""拿~"等音节，可以学习称呼亲人	• 有简单的数量概念，能区分物体的大小和数量的多少	• 对里外、上下、左右的空间方位有一定的知觉
10个月	• 如果发现有趣的玩具，能扶着东西蹲下去捡，能从站位到坐位，身体下肢的灵活性不断增加 • 会自己捧着杯子喝水了，会手脚并用地爬行 • 牵着宝宝的双手，宝宝能够走几步了	• 宝宝能用正确的字音来表示一个动作，还开始说一些由2~3个字组成的难懂的话	• 对数字1、2比较敏感	• 能从不同的方位取物

人际交往	认知	感觉	模仿创新
• 当大人给宝宝洗脸时，如果他不愿意，会将大人的手推开	• 能觉察到自己身体的不同部位，并知道自身与外界的不同 • 听到自己的名字会转过头来	• 视觉灵敏度已经接近成年人水平	• 模仿能力增强
• 照镜子时，会对镜中的自己微笑、亲吻或拍打等	• 拿到东西后，会翻来覆去地看看、摸摸、摇摇 • 懂得了"不许"的含义	• 视觉发育的范围越来越广，听觉也越来越灵敏	• 能模仿爸爸妈妈发出的双音节 • 学会了用摆手表示再见
• 逐渐学会辨识他人的情绪 • 大人手拿着洋娃娃逗引宝宝，宝宝会追逐洋娃娃 • 开始有怯生感，怕和爸爸妈妈分开	• 对周围的一切充满好奇	• 最常出现的行为就是一会儿注视这个物体，一会儿又注视那个物体	• 能够专注于自己喜欢的游戏或者玩具，会模仿简单的行为
• 当大人玩捉迷藏游戏时，宝宝会主动参与	• 会指认身体各个部位了 • 给宝宝不喜欢的东西，他会摇摇头，玩得高兴时，他会咯咯地笑	• 会认真观察爸爸妈妈的动作	• 会模仿爸爸妈妈的动作去做，可以叠加较大的物体
• 对其他的宝宝比较敏感，如果看到父母抱其他宝宝就会哭	• 用声音在宝宝头部周围逗引，宝宝会转头寻找声源 • 听到不同的声音会有不同的反应	• 现在的宝宝已经知道了若干物品的名称，接下来就可以认识物品的颜色了，宝宝认识的第一种颜色是红色	• 宝宝会做模仿游戏了，如拍手欢迎、挥手再见、拍洋娃娃睡觉等

	运动	语言	数学逻辑	空间感知
11个月	• 宝宝能单手扶物 • 能够蹲下捡起玩具再站起来 • 能将杯盖准确地放在杯子上	• 宝宝能理解大人的话了，可用姿势来回答 • 模仿狗叫	• 了解1、2、3的含义	• 知道前后、上下方位的变化
12个月	• 宝宝自己能独立站稳了，并能独自走上2~3步 • 宝宝喜欢拿着笔乱涂了 • 宝宝会自己用勺盛饭入口了	• 会清晰地用一个单词表达自己的意思	• 对1、2、3有了比较深的理解	• 可以变换不同的方向去拿东西
1~1.5岁	• 宝宝会爬到沙发或椅子上，然后转过身来，自己坐好 • 宝宝能一次性地将书翻2~3页，还会把瓶盖打开又盖上	• 宝宝会背简单的数字了，如1、2、3等，还会背简单的儿歌	• 能够理解数字1~5的含义	• 能从较远处将套圈套在目标物体上
1.5~2岁	• 宝宝走路变得更加娴熟，双脚靠得更近，步态更加稳了 • 能搭高五六块积木	• 宝宝会背诵几首完整的儿歌和唐诗了	• 能写几个简单的数字	• 学会把东西放进抽屉里，知道怎样将东西从抽屉内取出
2~3岁	• 宝宝能在坡路上走得很好，也不怕在沙上行走。在走路时，也能做其他的事情，如使用手、讲话以及观看周围的事物等 • 宝宝已经具备了良好的平衡能力，并会拍球、抓球和滚球了 • 会自己系扣子，会玩包剪锤游戏，还会刷牙	• 当大人用"你"提问的时候，能够用"我"来回答	• 懂得用大小不同的杯子量米	• 知道自己身体的两侧有左右之分

人际交往	认知	感觉	模仿创新
• 宝宝喜欢模仿大人的动作及其他宝宝的动作与游戏，如拍娃娃睡觉等	• 知道早上和晚上的时间概念	• 宝宝看了画着苹果的卡片后，再给宝宝吃苹果时他就会比较激动	• 懂得遇到障碍物要绕开
• 宝宝知道具体的事物是什么，在哪里。如当妈妈问他"洋娃娃在哪里"时，他会用眼睛或用手指，来表明他认识这个事物	• 能够分辨自然界中简单的声音	• 能够找出发声源，能听懂几个字的复杂语句	• 能够学着用工具来达到自己的目的
• 宝宝开始主动要求到户外玩耍、做游戏了，喜欢到小朋友多的地方玩，但一般还是各自玩耍，互不交往	• 宝宝会说自己的小名了，也能从街口走到自己的家了	• 能对不同的水温做出反应	• 喜欢玩过家家游戏
• 宝宝开始知道故事中谁是好人、谁是坏人	• 宝宝能说出妈妈和自己的名字	• 能简单描绘看过的图形 • 能模仿较长一段歌曲	• 能够自己动手搭积木
• 喜欢玩与人打交道的游戏，并学会分享	• 宝宝的因果关系理解力有进步了，对上发条的玩具和有开关的设备更加感兴趣了	• 能跟着音乐和别人相互配合打节拍	• 能与家人一起动手制作布娃娃

0～3岁宝宝健康发育对照图

■ "身高、体重曲线图"使用诀窍

1. 顺时记录

要想了解宝宝的生长发育是否正常，身高体重是否标准等，爸爸妈妈可以为小宝宝每个月测量一次身高、体重，把测量结果标注在生长发育曲线图上（避免在宝宝患病期间测量），然后连成一条曲线。若宝宝的生长曲线一直在正常范围内（3rd～97th），且能匀速顺时增长，这就表明是正常的。可能有些宝宝的生长速度会比较快，生长曲线呈斜线，不过，若一直在正常值范围内就不用担心。

2. 动态观察

利用生长发育曲线图对宝宝的生长发育指标进行定期的、连续的测量，最好每2～3个月对生长曲线增长速度进行一次横向比较，如果出现突然增速或减速，就要引起注意了，定期体检时可以向儿科保健医生反映情况，听取医生的建议，以便及早分析原因，采取措施，促进生长发育。

■ "身高、体重曲线图"的使用误区

误区1：追求最高值，认为平均值以下为不正常

每个宝宝的生长发育曲线都会有所不同，平均值曲线并非判断发育正常与否的唯一标准。即使宝宝的生长曲线一直在平均值曲线下面，最低值曲线上面，只要一直呈现匀速顺时增长就应视为正常。

误区2：一直等到生长曲线突破正常值后才引起注意

很多父母往往在宝宝的身高、体重超出或低于正常值后才发现问题，那时已经有点晚了。若宝宝的生长曲线总是超过85th，或者低于15th，就应咨询医生，看是不是喂养方式不当造成的，是否需要予以干涉。

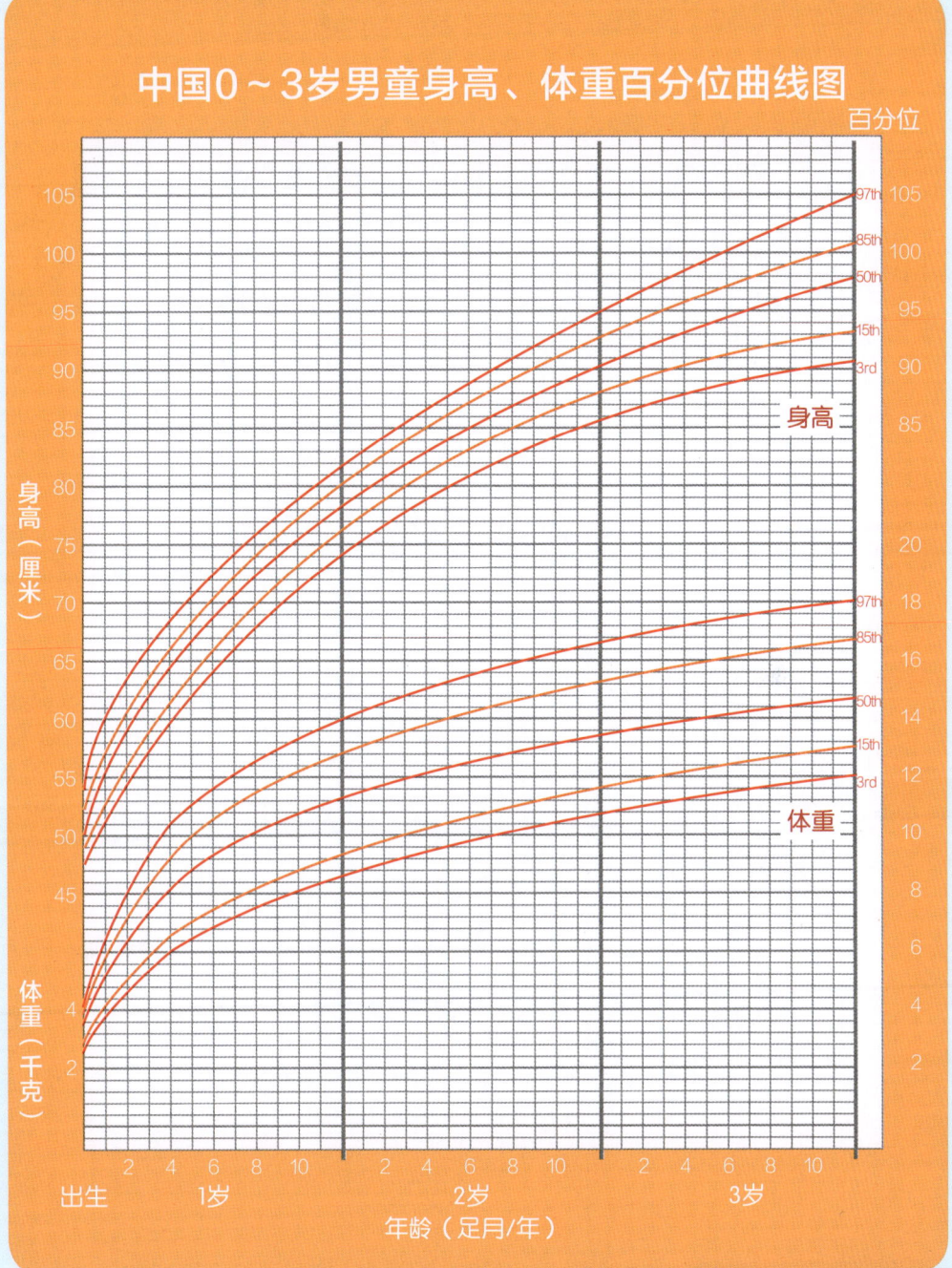

备注：0～3岁男女宝宝的身高体重发育曲线图。以男孩为例，该曲线图中对生长发育的评价采用的是百分位法。百分位法是将100个人的身高按从低到高的顺序排列，图中3rd、15th、50th、85th、97th分别表示的是第3百分位，第15百分位，第50百分位（中位数），第85百分位，第97百分位。排位在85th～97th的为上等，50th～85th的为中上等，15th～50th的为中等，3th～15th的为中下等，3rd以下为下等，属矮小。

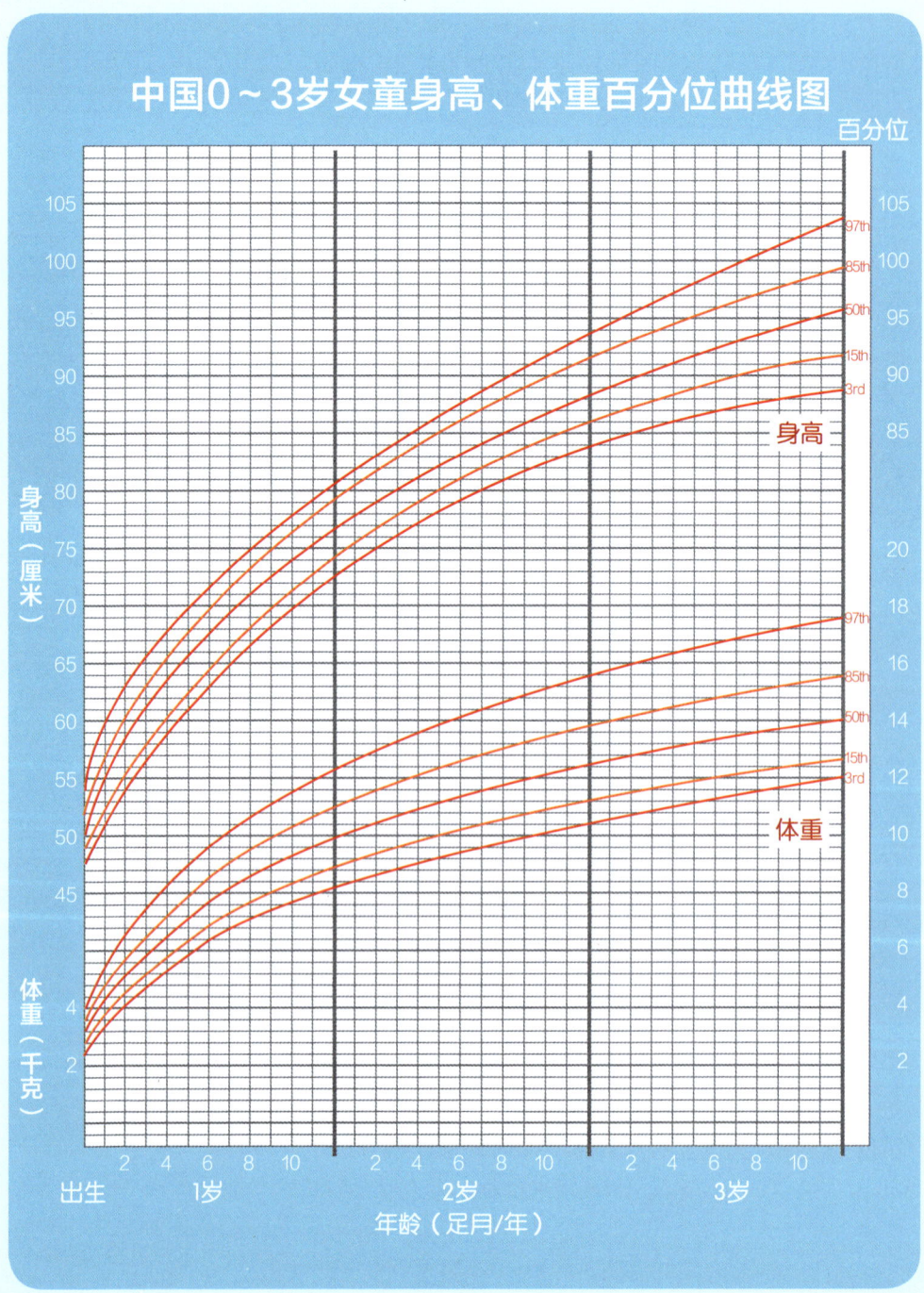

如何给宝宝挑选玩具

适合 3 岁以下宝宝玩的玩具

玩具娃娃

给宝宝适宜地选择供手持或搂抱的身体柔弱的婴儿娃娃或人物娃娃,填充的或"豆袋"类娃娃,形状简单(包括附件)的碎布娃娃或布娃娃和面貌简单、四肢关节处活动范围有限的轻型小巧的塑料娃娃。

婴儿玩具

供在儿童床或游戏围栏里使用,能很容易地被小手握住、晃动、抓住、摇动发声或抱住的玩具。

玩具车

宜给宝宝挑选外形简单、材质结实的玩具小汽车、卡车、船及火车等,以简单色调装饰,没有微细外形刻画,并且只要求简单功能(例如,滚动、翻倒、推动及放开)。

动作玩具

供识别声音或图画用的简单动作玩具及惊奇动作玩具。

早期学习玩具

供基础学习训练(例如字母、数字或图案)、简单的形体动作训练(例如,转动轮子或旋钮),拉开或放开或根据大小分类等玩具(例如,书核拼图)。

软体的球或类似物品

供挤压、摇动、滚动或扔掷的柔软的、质量轻的球或类似玩具。

不适合 3 岁以下宝宝使用的玩具

3 岁以下的宝宝比较喜欢把物件放入口中，因此，3 岁以下宝宝使用的玩具，最重要的是考虑与小零件有关的潜在的噎塞和窒息危险。

不适合 3 岁以下宝宝使用的玩具，通常有以下特征：

- 要求复杂的手指动作或控制调整，将复杂的小块装在一起的玩具。
- 游戏类玩具，例如，超出年龄认知、阅读能力等的游戏类玩具。
- 模拟成年人体形或特征的玩具及其相关附件。
- 收藏系列（例如，人物造型和车辆）。
- 弹射类玩具，发射的车辆、飞机等。
- 化妆套具玩具。
- 含有长绳或带的玩具。

购买玩具时需特别注意

1 根据中国《玩具安全》GB6675.1-2014 的相关规定，对 36 个月以下儿童可能构成危险的玩具通常会在外包装上附有警告。比如，"警告：不适合 36 个月以下儿童使用"或"警告：不适合 3 岁以下儿童使用"，或采用年龄禁用的图标。

2 如果玩具或其包装上有以下警示，也不要给儿童购买。

"警告！不适合 3 岁以下儿童使用。内含小零件。"

"警告！本玩具是（含）一个小球，可能产生窒息危险，不适合 3 岁以下儿童使用。"

"本产品是（含）一个弹珠，可能产生窒息危险，不适合 3 岁以下儿童使用。"

注：以上内容参考《玩具安全》GB6675.1-2014。